GUÍA PRÁCTICA
PARA DIRIGIR RH

GUÍA PRÁCTICA PARA DIRIGIR RH

LO QUE UN CEO DEBIERA SABER SOBRE LA FUNCIÓN DE RECURSOS HUMANOS

GUILLERMO SANDER MORENO

Para realizar pedidos de este libro, contacte con:
Palibrio
1663 Liberty Drive
Suite 200
Bloomington, IN 47403
Gratis desde EE.UU. al 877.407.5847
Gratis desde México al 01.800.288.2243
Gratis desde España al 900.866.949
Desde otro país al +1.812.671.9757
Fax: 01.812.355.1576
ventas@palibrio.com
428154

PRÓLOGO

¿DE QUÉ TRATA ESTE LIBRO?, ¿CUÁL ES SU OBJETIVO?

Don Genaro García Aguirre, uno de los mejores abogados laborales que llegué a conocer, hombre sabio y conocedor del comportamiento de los seres humanos, solía decir:

"No me des consejos, sé equivocarme solo". Desafortunadamente, jamás le hice caso.

Si lees este libro, te advierto de antemano que encontrarás muchos consejos sobre cómo realizar el *Management* de los Recursos Humanos.

La Dirección de Recursos Humanos en cualquier empresa tiene un objetivo que es su razón ser:

Asegurar que la empresa pueda atraer, motivar desarrollar y retener personas con talento para impulsar su productividad.

Si no eres mexicano, de antemano te pido disculpas por mis "mejicanismos", los cuales trato (con muy poco éxito) de mantener a un mínimo. En el Glosario encontrarás sus equivalencias.

Si eres Director General de una empresa, espero que el contenido de este libro te oriente sobre lo que puedes esperar (¿exigir?) del responsable de RH en tu organización.

Si aún no eres Director General, pero esperas llegar pronto a ocupar ese puesto, este libro tal vez te ayude a definir lo que debes esperar de RH.

GUILLERMO SANDER MORENO

Si eres el responsable de RH (o aspiras a serlo en un futuro) tal vez este libro te ayude a prepararte mejor para crecer (o tal vez ocupar la dirección) y destacar en tu profesión.

Y si estás por ingresar a trabajar en una empresa de la iniciativa privada, el libro te ayudará a saber qué debes esperar del área de RH (Personal, Talento, Recursos Humanos, Relaciones con el Personal, o como se llame el área en las empresas donde te gustaría trabajar).

La mayoría de los consejos aquí contenidos, se basan en acciones que me ayudaron en mi vida profesional. También te toparás con algunos consejos resultantes de errores que cometí en muchas ocasiones y lecciones que aprendí en base a golpes bien merecidos que sufrí en el transcurso de mi vida profesional.

A continuación, mi primer consejo:

"Aprende a equivocarte solo": una manera de equivocarte solo es a veces seguir algunos de mis consejos, y otras veces es no seguirlos.

En este libro pretendo ayudarte a tomar algunas acciones orientadas al logro de este objetivo.

¿CÓMO ESTÁ ORGANIZADO ESTE LIBRO?

Con el fin de darle cierto orden lógico a los diferentes temas que abarca el *Management* de los Recursos Humanos estoy siguiendo "el ciclo de vida laboral del empleado" empezando por los temas de atracción, reclutamiento y selección del personal que posteriormente trabajará en la empresa, y terminando con el retiro o jubilación del personal.

Entre la atracción y el retiro del empleado, trataremos temas relacionados con el entorno del empleado-empresa, cómo se paga tanto en efectivo como en prestaciones y beneficios, aspectos de capacitación y desarrollo, servicios al personal, y su administración y gestión.

Al inicio de cada tema y/o subtema, utilizo encabezados que permitirán al lector decidir si desea continuar siguiendo mi lógica en organización de temas, o si prefiere saltarse ese punto para tal vez regresar más adelante a continuar con su lectura.

A continuación te presento el Índice:

ÍNDICE

¿QUIÉN SOY YO?
Mi currículo

En este libro pretendo ayudarte a tomar algunas acciones orientadas al logro del objetivo de *asegurar que tu empresa pueda atraer, motivar, desarrollar y retener personas con talento para impulsar la productividad.*

Para hacerlo, considero pertinente que me conozcas:

Si me conoces, puedes saltarte todo lo que sigue. Si no, a continuación, la semblanza de mi actividad profesional.

En 1959 terminé el equivalente a la licenciatura de Administración de Empresas en la Universidad de San José (San Jose State University, en San José, California, Estados Unidos). Como ocurre en la mayoría de los casos, al salir de la universidad, sólo estaba preparado para manejar una casa de empeño en la que trabajé la mayor parte del tiempo mientras asistía a la universidad.

Pero teniendo un título de una escuela de "educación superior" estadounidense y dominando el inglés, me fue sencillo encontrar trabajo en Ford Motor Company, donde entré como Analista de Puestos y participé durante, aproximadamente, año y medio en la implantación de un programa de Análisis y Valuación de Puestos para personal "a sueldo por hora" (mejor conocido como "personal obrero", a diferencia del personal "de empleados").

Al terminar de implantar el proyecto, pasé al puesto de Supervisor de Personal a Sueldo por Hora donde se realizaba la administración de personal sindicalizado.

Al abrirse una planta nueva en Tlalnepantla, Estado de México, pasé a ser Supervisor de Relaciones Industriales donde manejaba todo lo relativo a RH para ese gran taller mecánico donde se elaboraban prensas para el ensamble de carrocerías que se exportaban a plantas pequeñas de Ford en todo el mundo.

Más adelante, al abrirse el complejo de Cuautitlán donde se empezó la manufactura de motores, pasé a Gerente de Relaciones Industriales para las operaciones de la planta de ensamble en Calzada de Guadalupe (La Villa); posteriormente, al mismo puesto en Cuautitlán y después, a Gerente de Personal y Desarrollo en las oficinas corporativas de la Avenida Reforma en la ciudad de México.

Para entonces llevaba trabajando ocho años en la Ford, y ya había pasado por todos los puestos ejecutivos en RH, con excepción de la Dirección, así que acepté la Dirección en la empresa Ideal Standard, que se acababa de formar por la compra y fusión de varias empresas mexicanas manufacturando sanitarios, azulejos, calentadores y accesorios para baño. Todas las empresas del consorcio habían sido formadas y manejadas por empresarios mexicanos pero Ideal Standard era propiedad de American Standard (empresa totalmente americana, tanto en capital, como en costumbres, políticas, politiquería, y modus operandi). Allí pasé casi tres años.

De Ideal Standard me fui a **TASA DE MÉXICO**, primera empresa mexicana de *headhunters* que fue formada por el legendario Bob Taylor, quien me enseñó (hasta donde pudo) el "arte" de la consultoría. Allí, me encargué de formar y manejar la empresa subsidiaria **CONPAR** que básicamente hacía lo mismo que TASA pero a nivel de Gerencia Media.

Siete años después de salir de Ford, regresé pero ya al puesto más alto de RH, su dirección. Estando en Ford tuve el dudoso honor de vivir una huelga de tres semanas, de la cual salimos airosos tanto la empresa como el sindicato. Esto pasó en 1975 y fue varios años antes de la huelga más famosa, la cual, para mi fortuna, no me tocó. Trabajé en Ford hasta 1979, de donde renuncié para dedicarme tiempo completo a Intergamma.

En 1976, con Hugo Alduenda Apellaniz y Jorge García Osegueda, compañeros de la misma empresa, formamos Intergamma de México, empresa de consultoría en Recursos Humanos que logró buen prestigio y luego se convirtió en Hewitt Associates-México, después en Intergamma, S.C, y casi 30 años después, en Aon Consulting que actualmente se anuncia como la empresa mas grande del mundo en su giro. Durante unos tres años trabajando con Hewitt, me fui con mi familia a Lincolnshire, Illinois, abriéndoseme la oportunidad de trabajar en Europa y América del Sur dando consultoría en RH.

Actualmente estoy retirado, entreteniéndome en escribir este libro y en explorar otras actividades que me guiñan el ojo y sin pretensión de regresar a la fila de los asalariados ni de los consultores.

EMPEZANDO DESDE EL PRINCIPIO

ATRACCIÓN, RECLUTAMIENTO Y SELECCIÓN DE TALENTO

Es muy importante notar que hoy día la función que antes conocíamos como Reclutamiento y Selección no puede ser concebida sin incluir el tema de Atracción.

Probablemente las empresas multinacionales, antes que muchas empresas mexicanas, crearon conciencia de que no es suficiente definir las características y cualidades del futuro ocupante de una vacante: ¿de qué sirve definir al candidato ideal si no acompañamos la definición con un plan para atraerlo?

Como la gran mayoría de las empresas multinacionales que operan en México son estadounidenses, y muchas de sus prácticas y políticas han sido trasplantadas a las empresas mexicanas, es interesante analizar algunas de las reglas bajo las cuales estas empresas se rigen . . . y por qué.

Una de las muchas diferencias entre las leyes mexicanas y las de Estados Unidos es que en el país del norte está prohibida la discriminación en la contratación de personal. Mientras que las leyes mexicanas prohíben la discriminación de cualquier tipo en el trato del personal, las empresas tienen mucha libertad en la toma de decisión sobre a quién contratan antes de formar parte de la empresa.

En Estados Unidos está prohibido incluir en un formato de solicitud de trabajo, en la entrevista y en todo el proceso de selección, cualquier información que indique la edad del solicitante, su religión, raza, sexo, estado civil, preferencias sexuales y cualquier dato que pudiera inferir que la empresa discrimina a los candidatos por cualquier razón o motivo.

Independientemente de los juicios personales que pudieran tenerse sobre esta situación, el responsable de la gestión de personal en una empresa operando en México tiene una gran ventaja en la función de reclutar al personal que trabajará en la empresa en un futuro, ya que se puede dar el lujo de buscar, atraer y contratar a la persona precisa, con las competencias adecuadas, sin preocuparse de ser acusado de discriminar. Por otra parte, aunque la ley no pone muchas restricciones en México, las empresas modernas cada vez buscan más la igualdad para todo candidato y a fin de cuentas, lo que debes de asegurarte es de elegir el mejor: sea mujer, hombre de cualquier clase social, religión o ideología.

Si bien la empresa se esfuerza por buscar al candidato ideal hoy día, todo potencial empleado busca algo más que un trabajo. El personal busca ética, flexibilidad y balance en su vida. Sin una estrategia clara de atracción, tu reclutamiento (la forma en que vas haciendo una terna de candidatos adecuados) y su selección será deficiente y muy probablemente te quedarás atrás de la competencia si lo hace mejor que tú.

No hace tantos años que me tocó, como consultor, convencer a uno de mis clientes que no era acertado incluir una política en su manual de administración de personal: que todo candidato a vendedor debía ser casado y profesar la religión católica. Independientemente de que es muy difícil convencer sobre que la religión y el estado civil sólo pueden influir de manera coincidente en las ventas de cualquier producto, hay infinidad de estudios que demuestran que la diversidad incrementa la productividad.

Y ya que estoy tocando el punto de la diversidad, les confieso que el hecho de que en Intergamma casi siempre trabajaban más mujeres que hombres no empezó por la gran habilidad que teníamos los socios para predecir el futuro.

En realidad empezamos a contratar mujeres por el simple hecho de que nos dimos cuenta que las chicas profesionistas más inteligentes, creativas y trabajadoras que sus compañeros del género masculino aceptaban trabajar por sueldos más bajos. Después aprendimos que además de esas cualidades, no es cierto que sean más chismosas que los hombres, y si bien ellas se embarazan con mayor frecuencia que sus compañeros de trabajo del género masculino, generalmente son hábiles para programar sus ausencias y cargas de trabajo. Reconozco que no descubrimos el hilo negro y que hoy día muchas empresas no "le hacen el feo" a considerar mujeres para cubrir casi cualquier vacante y hasta tienen políticas bien definidas en equidad salarial.

APROVECHANDO LA COMPUTADORA

Hoy día la atracción de candidatos puede realizarse a través de programas cibernéticos que facilitan la identificación de posibles candidatos; además, las computadoras permiten desarrollar programas sumamente sencillos que contienen información básica para encontrar, en dos patadas, posibles candidatos a llenar prácticamente cualquier vacante que pueda presentarse. Por cierto, las redes sociales se han convertido en una interesante y productiva fuente de reclutamiento, constatado por expertos en el tema.

Para algunos puestos resulta conveniente considerar a empresas de *Outsourcing y/o headhunters* o cazadores de cabezas. Más adelante sugiero cómo seleccionar a estas empresas.

Cómo desarrollar un "perfil del candidato"

El reclutador talentoso (ya sea un reclutador interno o alguien contratado para buscar quién debe llenar la vacante) no recurre a las fuentes trilladas para buscar candidatos excepcionales. Presume que si hay una vacante difícil de llenar, el cliente (el jefe del área donde está la vacante) ya conoce a los candidatos obvios, así que le pregunta quiénes son, y por qué no contrata a alguno de ellos.

Las respuestas más comunes son: "no puedo contratarlo porque me sale demasiado caro", "tiene tal o cual problema de personalidad", "no encaja en el equipo", "tiene algún impedimento insuperable". El reclutador aprovecha la información obtenida en sus entrevistas con el cliente para elaborar un perfil del "candidato idóneo".

El reclutador también podría, sobre todo si es miembro de la empresa, ir elaborando una pequeña lista de aquellos factores que ha visto en experiencias previas que favorecen la permanencia y el desarrollo de los candidatos que ingresan, y otra donde mencione las causas más comunes por las que se da de baja una persona que se incorpora a la organización. En este punto, hay que tener cuidado de no caer inadvertidamente en "clichés de cualidades discriminatorias" tales como: haber estudiado en algún tipo de escuela, pertenecer a cierta "clase social", tener "excelente presentación", y otras de las que abundan en nuestro medio. Aclaro que no hago esta recomendación por motivos de ética, sino por simple sentido común: esos prejuicios pueden llevarte a rechazar verdaderos "garbanzos de a libra" o, peor aún, a contratar a "limones" que a golpe de vista parecen ser atractivos.

En el perfil, se deben incorporar aspectos tales como conocimientos adquiridos por experiencia, escolaridad, trato social u otros medios. También conviene especificar si debe poseer ciertas competencias y/o características de personalidad y/o gracias sociales (también conocidas como inteligencia emocional), habilidad para trabajar en el equipo al que vaya a pertenecer, talento especial para manejar circunstancias especiales (por ejemplo: tolerancia a la frustración,). En mi época de *headhunter*, me servía incluir en el perfil en qué empresas, puestos, y actividades podría encontrar al candidato ideal.

El siguiente paso es investigar si no hay candidatos internos. Muchas veces sí los hay y el jefe (o algún otro ejecutivo) no lo reconoce. A veces entra el síndrome de "te conocí ciruelo, ¿de dónde ahora me sales cerezo?". En mi experiencia como *headhunter* mis peores fracasos fueron cuando omití entrevistar y evaluar a personal que ya trabajaba para mi cliente y éste acaba contratando un candidato que yo había presentado porque cumplía con todos los requerimientos del puesto, pero simplemente "no la hacía"; lo peor es que acaban promoviendo al que había estado allí todo el tiempo pero después de fracasar con uno o más individuos con la consecuente pérdida de tiempo y decepcionantes experiencias que son peores de lo que podría esperarse, tanto para el cliente como para el consultor. Esto me sucedió dos veces. A partir de allí, empecé a insistir en entrevistar y considerar a los "ciruelos". La verdad es que encontré varios "cerezos" y nunca más perdí un cliente.

Quien tiene talento para contratar a los mejores debe pasar más tiempo investigando qué se necesita y menos reclutando.

Inventario de Talento

Algunas ideas del tipo de información que sugiero contenga tu archivo de posibles candidatos externos son:

Además de información básica (nombre, domicilio, teléfonos, e-mail, sexo, estado civil, fecha de nacimiento, experiencia -dónde ha trabajado, puestos ocupados, tiempo en cada puesto), para qué áreas y/o puestos puede ser considerado, si ya fue entrevistado, comentarios de los entrevistadores, motivos por no haberlo contratado, y en su caso, si hay algún motivo por el que no debiera ser considerado en el futuro. A veces es recomendable agregar la fuente (de donde salió el candidato) porque con el tiempo nos damos cuenta que ciertas fuentes para proporcionar candidatos viables tienden a ser mejores que otras.

Y ya que Dios te puso en ese camino, ¿por qué no complementar tu inventario con información del personal activo? Además de los datos tradicionales de nombre, puesto, sueldo, evaluaciones de desempeño, etc., es necesario mencionar puestos desarrollados en el pasado y actividades, cualidades e intereses que pudieran hacerlos candidatos a puestos más altos en un futuro.

Selección: ¿quién la hace?

La época más frustrante de mi vida profesional sin duda fueron los primeros 3 o 4 meses al empezar a trabajar como *headhunter*. Cuando Bob Taylor me propuso que lo acompañara en su recién iniciada aventura y dedicara mi tiempo completo a TASA, le contesté que hacía mucho que había pasado por la actividad de reclutamiento y selección: ni siquiera había sido una actividad que me entusiasmara y motivara. Bob me respondió que yo le había confiado que me gustaría ser consultor y que participar en TASA me daría la oportunidad de conocer cómo trabaja un consultor. La realidad es que acepté aunque no de muy buena gana y sólo porque Bob tenía fama de ser un magnífico consultor. Pensé que seguramente podría aprender algo si aceptaba trabajar con él.

Durante mis primeros 40 a 50 días de trabajo en TASA, me volví su sombra. Lo acompañaba a todos lados, tomaba nota de todo lo que a mi juicio era indicativo de lo que lo hacía el fabuloso consultor con la merecida fama que tenía. Un día me dijo que yo me encargara de una junta con un prospecto de cliente. Si Bob me calificó en función a cómo manejé esa junta, me debió haber puesto una calificación 50% más baja de cero. No me dijo nada.

Empecé a entrevistar candidatos para ocupar puestos que nos habían sido encomendados. Ni uno sólo de los que yo recomendé fue presentado por el despacho al cliente que nos había contratado. Bob dejó de invitarme a que lo acompañara, aunque me mandó varias veces a entrevistarme con prospectos de clientes. Ni uno solo nos contrató.

Justo a los tres meses de haber iniciado mi relación con TASA, fui a ver a Bob y le presenté mi renuncia. Le dije que yo simplemente no había nacido para ser *headhunter*. Entonces me dijo algo que se me quedó grabado el resto de mi vida activa. Me dijo: "No naciste para ser Bob Taylor. Intenta ser Guillermo Sander y regresa a verme dentro de tres meses."

Fue entonces cuando me puse a analizar lo que debía hacer un *headhunter*. Fue allí donde decidí que mi labor era ayudarle a mi cliente a resolver un problema que se relacionaba con buscar a alguien que debía cubrir una necesidad de su empresa: mientras yo no entendiera lo que la empresa de mi cliente necesitara, no podía ayudarlo. Y mientras no pudiera ayudarlo, nadie me iba a contratar, y por ende: no tendría un solo cliente.

Tiré todas las notas que había tomado durante mi actuación de dama de compañía de Bob Taylor y empecé a volar sin instrumentos. Cuando regresé a hablar con Bob tres meses después, ya había conseguido dos o tres clientes y TASA había colocado a cuatro personas que recomendé después de haberme convencido que eran justo lo que nuestros clientes necesitaban.

Dos y medio años después, ya tenía más clientes que Bob y era el socio de TASA que más prospectos colocaba. Por otra parte, Bob todavía producía como 45% más ingresos para el despacho que yo (sus colocaciones producían considerablemente más honorarios ya que sus candidatos ocupaban puestos más altos que los míos).

Considera que salvo en muy pocos casos, la selección no la va a hacer el reclutador ya que la debe hacer el responsable del área donde existe la vacante. El ejecutivo de RH puede ahorrarse tiempo, disgustos y miles de disculpas a candidatos frustrados por la experiencia de una o más espantosas entrevistas si dedica parte de su tiempo a entrenar a sus pares a entrevistar.

El talento para seleccionar no se nota al hacer la selección. Revisa las diferentes unidades organizacionales: donde veas equipos que funcionan bien, donde los integrantes se han hecho amigos, todos (o la mayoría) se ayudan mutuamente y sólo en raras ocasiones los ves trabajando horas después de la hora de salida, el jefe, su jefe, tiene talento para seleccionar.

La selección de personal requiere de un talento especial y quienes lo tienen no requieren de ayuda alguna para seleccionar a sus subordinados. Más adelante trataremos este tema más a fondo; por lo pronto, a continuación, te presento algunos consejos sobre cómo mejorar el proceso:

La metodología a escoger y utilizar dependerá de la persona que hará la selección en mi experiencia, *coaching* es lo que mejor funciona.

Es importante insistir en que la entrevista deberá cubrir ciertas reglas de etiqueta social:

- Dar una cita al candidato señalándole cuánto tiempo durará la entrevista.
- Cumplir con los tiempos acordados (iniciar y terminar a la hora indicada), no hacer que el candidato espere más de diez minutos sobre la hora acordada.
- Si vas a utilizar el tono familiar en la entrevista, pregunta al entrevistado si está de acuerdo en romper el turrón: nunca esperes que el entrevistado use el "usted" cuando el entrevistador utiliza el "tú".
- No permitas interrupciones externas durante la entrevista.
- Evita a toda costa impresionar al candidato demostrando que dominas el tema a la perfección.
- Haz preguntas que requieran respuestas más largas que un "si" o un "no".
- Busca que el candidato tenga la palabra cuando menos el doble del tiempo en que tú expongas.
- Diseña formatos y "Guías para la Entrevista" que aseguren que quienes seleccionen al personal incluyan, cuando menos, los aspectos más básicos que se requieran para cubrir la vacante.

A veces, algunos entrevistadores actúan como si le estuvieran haciendo un favor al candidato por dedicarles el tiempo de la entrevista. La realidad, frecuentemente olvidada, es que el entrevistado tuvo que transportarse al lugar de la entrevista, prepararse para "quedar bien" ante el entrevistador, y al final, si es la persona indicada, será ese candidato quien le resolverá problemas a quien debe llenar la vacante.

La entrevista de selección debe estar bien planeada: ni uno ni el otro van a "hacerse el favor" mutuo. Si tú vas a seleccionar, es bueno que hagas tu guía de entrevista previamente, lo que te permitirá hacer casi la misma entrevista a los candidatos para cubrir una vacante y así poderles comparar de una forma más objetiva porque, por otro lado, la entrevista es el inicio de una negociación en la que ambos pueden beneficiarse.

Finalmente, el entrevistador tiene la obligación de dar una buena impresión a su interlocutor para mantener o mejorar la reputación de su empresa lo cual redundará en atracción de mejores candidatos y ¿ por qué no?: en una mejor imagen pública.

EL USO DE CONSULTORES EXTERNOS

Ahora bien, si la empresa va a contratar a alguien (empresa o persona) para que "ayude en la selección", es importante asegurarnos contratar a quien nos dará el mejor servicio. Antes de decidir y seleccionar a la agencia o *headhunter*, fíjate bien en las preguntas que te hace, a ti y a otros ejecutivos, sobre tu empresa. Mantén en mente lo siguiente: seguramente le pagarás por un servicio que debe ahorrarte/les tiempo, errores, y dolores de cabeza. Mientras menos candidatos viables te/les presenten, mejor. Idealmente, la primera persona que presente debe cubrir todos los requisitos y debe ser alguien que ustedes piensen seriamente en contratar: si van a entrevistar a otro candidato sería para mejorar las condiciones de contratación (sueldo, fecha en que puede iniciar, etc.). Para que un proveedor pueda contribuir a satisfacer razonablemente tus requerimientos, debe conocer tu empresa, debe saber por qué le necesitan (normalmente sería porque puede hacer mejor trabajo), debe saber cómo surgió la vacante, debe conocer las virtudes y los defectos de quien ya no está (idealmente, el candidato tendrá todas las virtudes, y ninguno de sus defectos) y si se va a sustituir a alguien que ya no ocupa el puesto.

No contrates a ningún consultor que sólo tenga una entrevista rápida contigo a no ser que lo conozcas bien y estés convencido que es tu mejor selección de proveedor. Quien va a reclutar candidatos viables deberá entrevistarse con quien será el jefe del candidato a contratar y con algunos de sus pares, debe saber por qué no será promovida otra persona al puesto vacante, y si entrevista a candidatos internos lógicos y discute sus conclusiones con ustedes (RH y el futuro jefe del candidato), al final del proceso sentirás más confianza en tu decisión de contratación. Por bueno que sea el consultor, la responsabilidad de una buena selección sigue siendo la de tu Compañía. Por otra parte, mientras mejor conozca tu empresa el proveedor seleccionado y mientras más se haya identificado con sus virtudes y defectos empresariales, más útil te/les será.

Los *headhunters* normalmente cobran de 20% a 35% del ingreso anual de la persona a contratar, no son cacahuates: asegúrate de estar utilizando los recursos de tu empresa eficaz y eficientemente. Dependiendo del nivel de contratación y del número de vacantes que el consultor manejará será posible negociar mejores condiciones de honorarios e incluso lograr condiciones en las que sólo se pagan honorarios por contingencia, o sea, en base a los resultados alcanzados.

Mientras la mayoría de los despachos grandes garantizan que no considerarán a personal de sus clientes como candidatos para vacantes de sus otros clientes, trata de investigar quiénes son sus otros clientes. Bob Taylor se abstenía de ofrecer sus servicios (y a veces no aceptaba proyectos) con empresas que sabía que pudieran ser fuentes de buenos candidatos. Considera que algunas Compañías contratan a despachos exitosos para cubrir un mínimo de vacantes con el fin de evitar ser agredidos por ellos.

Finalmente, recuerda que ni el profesional de la búsqueda, ni el responsable de RH hacen la selección (por eso, a veces leerás "tu/les"). Si el responsable de la selección no sabe hacerla, el profesional contratado deberá asegurarse que dicho responsable tome la mejor decisión: no olvides que desde la selección ya se está comenzando a generar cultura organizacional. Este proceso es clave para entender lo que tu empresa **es** como organización.

Si en tu empresa no hay verdadero talento para ejecutar eficaz y eficientemente el proceso de selección de personal, el consultor externo sí debe demostrarlo. Si debes proteger a tu empresa para evitar que otras empresas se lleven a tus mejores elementos, sólo lo lograrás si la gestión de Recursos Humanos en tu empresa es tal que aquellos a quienes no desees perder no quieran irse. Y aquí sí te hablaré como experto en compensación: un empleado, ya sea de los niveles más bajos de la organización o un alto ejecutivo, sólo considera el sueldo como el principal motivo por el que se cambiaría de empresa, cuando **es demasiado bajo;** por lo general, hay aspectos mucho más importantes como pueden ser: las oportunidades de desarrollo, el ambiente, la percepción de que su empresa se preocupa por su bienestar, y/o que simplemente le gusta su trabajo y se siente a gusto con su jefe; o bien, cuando de "recién egresados" se trata, para adquirir experiencia y aprender.

DÓNDE ENCONTRAR PROSPECTOS

No siempre encontrarás buenos prospectos para cubrir una vacante en los lugares obvios. Un ejemplo que soy el primero en admitir, que no es típico, lo viví a principios de los setentas.

Un banco extranjero, con un pequeño grupo de empleados que sólo se dedicaba a buscar inversionistas mexicanos para invertir en su país a través de una oficina en México, consiguió las autorizaciones necesarias para abrir una operación bancaria completa ofreciendo cuentas de ahorro, cheques, inversiones y todo lo que hacen los bancos ahora (en ese entonces sólo los bancos mexicanos tenían operaciones como las que conocemos ahora y ese sería el primer banco extranjero que ofrecería servicios bancarios completos).

Mis clientes querían empezar contratando al gerente para la primera sucursal que abrirían. La idea era llevárselo a su país durante un período de seis a ocho meses, entrenarlo, y regresarlo a México para iniciar la operación de la sucursal. Cuando me explicaron lo que querían, les pregunté si habían considerado personas que fueran actualmente gerentes de sucursal de alguno de los principales bancos mexicanos y me confesaron que habían entrevistado a unas 15 personas que se suponían eran los mejores y que ninguno les había parecido que tuviera "lo necesario".

Tardé varias horas en lograr que me dijeran qué era y qué no era "lo necesario"

- No era necesario que conociera el manejo de una sucursal bancaria (para eso era el entrenamiento).
- Debía tener una carrera terminada (no importaba cuál, lo que buscaban era el aspecto social, los contactos y conexiones que se realizan mientras se estudia una carrera universitaria, usualmente sin pensarlo mucho).
- Debía dominar el inglés porque la matriz estaba en Nueva York.
- Debía ser buen dirigente, ya que tendría un grupo grande de subordinados, con 2 o 3 niveles organizacionales.
- Debía ser bueno para trabajar en equipo.

Al analizar estos datos, llegué a la conclusión de que lo ideal era buscar a alguien que tuviera talento para supervisar. Presenté sólo a un candidato y le contrataron. Se trataba de un ingeniero del TEC de Monterrey que manejaba una planta pequeña de manufactura en una empresa textil multinacional. Quince años después, trabajando en Hewitt-Intergamma, me lo encontré en Italia. Era el presidente del banco en ese país. Había hecho su carrera ahí.

LA INVESTIGACIÓN DE REFERENCIAS

La mayoría de las empresas no investigan las referencias de los candidatos antes de contratarlos. Las que lo hacen, por lo general sólo investigan personas que ocuparán puestos a bajos niveles y muchas veces pagan porque se hagan "investigaciones socio-económicas". Prefiero no opinar ni a favor ni en contra de esta práctica.

En mi experiencia, me dí cuenta que, cuando se va a contratar a alguien que ocupará un puesto clave, es muy importante hacer investigaciones minuciosas orientadas a conocer los aspectos relativos a las características que debe poseer quien ocupará el puesto. Por ejemplo, volviendo al caso del ingeniero que acabó siendo presidente del banco en Italia, lo que más me interesó investigar (antes de recomendarlo para el puesto) fue su habilidad para trabajar en equipo.

¿Cómo puedes investigar las referencias de una persona que ocupará un puesto clave en tu organización, sobretodo, si aún está trabajando y no quieres "quemarlo"?

Muchas veces lo puedes hacer antes de tener la primera entrevista. Salvo cuando tu primer contacto es resultado de un anuncio, generalmente, alguien te recomienda al candidato. A quien te lo recomendó puedes pedirle que te diga quién más le conoce y normalmente una llamada telefónica te dará buenos resultados. No olvides decirle a quien le preguntes que no has hablado con la persona en cuestión y que no sabe que estás interesado en conocerle. Al entrevistarlo, pregunta quién puede darte referencias y pídele que le advierta que le vas a llamar. Yo, con frecuencia, le pedía al candidato que me dijera quiénes me darían buenas referencias y con quién pudiera hablar que no necesariamente lo compararía con Superman. Te sorprenderá cuán cándida y objetiva es la gente (pero no siempre).

CONTRATACIÓN

Hay una serie de documentos importantes que deben estar con la información correcta antes de que el empleado se presente a trabajar por primera vez. Al asegurarte de que se haya realizado la contratación, debemos también asegurarnos que estén en un "checklist" (una lista de verificación) y que estén todos los documentos dispuestos para su firma y/o archivo.

Empecemos con la solicitud de empleo como documento de entrada y presentación, y que defiende al patrón en caso de que haya problemas. Debemos asegurarnos de que esté firmada ya que uno de los pocos despidos justificados que permite la Ley Federal del Trabajo (LFT) es la falta de veracidad en las declaraciones del trabajador: el tiempo para actuar está limitado a sólo 30 días.

A lo anterior se requiere agregar formatos del IMSS (Instituto Mexicano del Seguro Social), cartas de recomendación, registro en el RFC (Registro Federal de Causantes) y demás documentos que se acostumbren en tu organización.

LOS CONTRATOS DE TRABAJO

En México, la Ley Federal del Trabajo (LFT) no obliga al patrón firmar un contrato con el trabajador. Incluso, los contratos verbales son válidos en México. Sin embargo, la LFT establece que, ante una disputa, la carga de la prueba descansa en el patrón. La empresa que no firma un contrato de trabajo con cada uno de sus trabajadores se expone, de manera por demás suicida, a quebrar en un futuro que puede llegar el día de mañana . . . . a más tardar. Veamos un ejemplo muy común:

En México, la LFT establece que la jornada laboral no puede exceder 48 horas en turno diurno. En turno mixto, no debe exceder 45 horas, y el de turno nocturno: 42 horas. El tiempo extra se paga doble, pero si excede tres horas diarias y/o tres veces en una semana, entonces debe pagarse triple. Todo empleado tiene derecho a cobrar tiempo extra, incluido el personal de confianza.

La mayoría de las demandas laborales sostienen que el trabajador laboró un tiempo mayor a lo establecido por la ley y generalmente, más de tres veces a la semana: es prácticamente imposible demostrar que una persona no trabajó tiempo extra. Incluso cuando hay relojes marcadores de tiempo, el trabajador puede argumentar que el patrón se encargó de marcar el reloj a la hora de salida. Debido a esto, casi todos los contratos de trabajo establecen que el trabajador sólo puede trabajar tiempo extra cuando el patrón extiende una orden por escrito estableciendo fecha y horas del tiempo extra que el trabajador deberá laborar. Con esto, la carga de la prueba se le revierte al trabajador.

Otros ejemplos se relacionan con el sueldo a pagar, las prestaciones, las obligaciones del trabajador, y las del patrón. Cualquiera de éstas puede proteger a la empresa contra demandas injustificadas.

Pero la contratación no sólo se relaciona con los contratos de trabajo. El responsable de los Recursos Humanos de la empresa debe asegurase, ya sea personalmente o a través de sus subordinados, que el nuevo trabajador recibe un documento en el que se le indica dónde está su área de trabajo, quién es su jefe inmediato, cuáles son sus condiciones de sueldo, prestaciones y servicios a recibir (donde están los baños, servicio de comedor y/o servicio médico, si los hay), horarios, días festivos, y cualquier otra información que le ayude a ambientarse con rapidez. A veces, una copia del contrato de trabajo y una hoja adicional son suficientes para cumplir este requisito: todo lo anterior ha de hacerse tanto para quien limpia los pisos como para un gerente de departamento que debe asegurarse de que el contenido del contrato colectivo se cumpla.

En muchas empresas, alguien del área de RH recibe al individuo su primer día de trabajo, lo lleva a conocer las áreas más importantes, como las mencionadas anteriormente, le presenta a los compañeros de trabajo que no laboran en su departamento o dirección, y lo lleva personalmente con quien será su jefe, mismo que lo presenta al grupo de su área organizacional. En lo personal, creo que esto es función del área organizacional que recibe al trabajador, aunque RH debe encontrar la manera de verificar que el responsable lo esté cumpliendo.

CULTURA

EL ENTORNO: ¿ESTÁN TÚ Y TU EMPRESA EN LÍNEA CON LA ACTUALIDAD?

Antes de continuar con las funciones típicas de RH, considero importante analizar algunos aspectos importantes sobre la manera en que piensan y actúan las personas que integran las empresas.

En mi currículo, donde les platico algunos aspectos sobresalientes de mi vida profesional, comento que me fue muy sencillo entrar a trabajar en Ford de México. El hecho de haber estudiado en los Estados Unidos y, por ende, dominar el idioma inglés me facilitó encontrar empleo en esta importante transnacional.

Cuando entré en 1960, había un total de 1,700 empleados, incluyendo al personal de "sueldo por hora"; de éstos, sólo habían cuatro o cinco graduados universitarios. De hecho, tuve que esforzarme por presentar un "frente de persona del pueblo" ya que existía un gran resentimiento en contra de los jovencitos que sin experiencia entraban a ocupar puestos "bien pagados".

Ocho años después, cuando me la dejé por primera vez, la empresa había crecido a un total de 13,000 personas, principalmente en respuesta al decreto de manufactura de automóviles y yo era uno de 1,289 empleados con carrera universitaria terminada. Por cierto, que una buena manera de atraer secretarias bien preparadas en esa época era decirles "cuántos ingenieros solteros trabajaban en la Ford": hasta para trabajar en la planta se exigía secundaria (9 años de estudio) cuando anteriormente se daba preferencia a los que tenían certificado de primaria (6 años de estudio).

Hoy, las circunstancias y los tiempos han cambiado totalmente, y las anécdotas descritas arriba no se presentan en la Ford de México ni en ninguna otra empresa que yo conozca; ya pasamos de la "generación de la post-guerra", a la "generación X", a la "generación Y" y estamos entrando a la "generación Einstein" (también llamados "generación Z"): el nombrecito se lo debemos a los holandeses Jergen Boschma e Inez Groen (de su libro **Generación Einstein -Más listos, más rápidos y más sociables).**

LA GENERACIÓN EINSTEIN
¿QUÉ ES?, ¿CON QUÉ SE COME?

Básicamente Boschma y Groen nos dicen que los jóvenes actuales (los nacidos después de 1988) ya pasaron de una actitud de protesta (escenificada por los jóvenes nacidos entre 1945 y 1955) y una de "negatividad" (aplicable a los chavos nacidos entre 1960 y 1985) a una de actual optimismo: estos jóvenes actuales regresan a los ideales tradicionales, se han vueltos mas "serios" y creen que trabajando podrán forjarse un buen futuro; además, sienten que su identidad es resultado de ser "sinceros con ellos mismos". En el apéndice encontrarás una recopilación de este trabajo, realizada por Alberto Velázquez Garnica (HBG Consultores).

Los jóvenes mexicanos hoy son muy diferentes a los jóvenes de los sesentas, y probablemente se parecen más a los de la Generación Einstein que a los mexicanos que fueron jóvenes entre 1985 y 1999. Ahora bien, aún cuando hay similitudes entre las diferentes culturas encontradas en las empresas, encontramos diferencias importantes entre las empresas pequeñas, medianas y grandes; entre las mexicanas, las transnacionales y las dedicadas a diferentes actividades y campos de acción. Las mismas empresas que en los setentas se distinguían por ejecutivos jóvenes con alta escolaridad, hoy son manejadas por ejecutivos cercanos a su edad de jubilación (incluyendo quienes ingresaron en aquellos años). Empresas que eran "changarritos familiares" en esa época siguen siendo familiares pero el adjetivo de "changarro" ya no les queda, y ni se diga de las que ya ni siquiera familiares son.

Para los puestos bajos, en donde no se requieren competencias difíciles de encontrar, no existe gran dificultad en atraer buenos prospectos (el desempleo es alto, se ven muchos casos de graduados universitarios trabajando como taxistas); sin embargo, en los puestos clave no es tan fácil atraer a los mejores candidatos. Ahora, de repente, nos encontramos con jóvenes bien preparados que demuestran entusiasmo, calidad empresarial, creatividad y madurez, y nos sorprenden porque no están buscando el trabajo mejor remunerado: se preocupan más por el entorno, hacen preguntas orientadas a conocer más sobre la filosofía empresarial, por lo que la empresa hace para mejorar el medio ambiente, la libertad de expresión, y el interés por tener una vida más balanceada y menos estresante. Esto, en México aún no es común, pero muchos sociólogos vaticinan que en un futuro cercano sí lo será.

EL RESPONSABLE DE RH Y LA CULTURA
¿QUÉ HACER CON ESTO?

Las mezclas de edad, escolaridad, orígenes del capital, (ser "multinacional" puede no ser tan atractivo como lo fue hace 20 años), productos, actividades y otras características le dan su característica "personalidad" a cada empresa. El responsable de los recursos humanos de cada empresa bien hará en redactar, en un par de cuartillas, una descripción de la cultura, los valores, los objetivos, y otras características de su empresa, pidiéndole a sus pares, a sus jefes y, finalmente, a sus subordinados que la revisen y modifiquen cuando lo encuentren pertinente. Esto ayudará a desarrollar un plan de trabajo para los próximos 12 meses, y un esquema de resultados esperados en aproximadamente unos 5 años. No es necesario compartirlo con tu jefe inmediato pero sí te sugiero lo compartas con tus subordinados más cercanos: a fin de cuentas, los subordinados son quienes lograrán (o evitarán) que se cumplan los objetivos a largo plazo. Con frecuencia, lo que estamos tratando de lograr no es tanto "la venta" de la idea, sino "crear **compromiso**" en y con el grupo de trabajo.

Seguramente habrá quien niegue que en nuestro País haya habido un cambio significativo en la cultura. Aún se nos acusa de "machismo" y se dice que vivimos en el siglo XIX, pero quisiera hacer notar dos costumbres que saltan a la vista y que son cambios tan recientes que seguramente tú, o tus padres los han comentado:

- Entra a cualquier baño de hombres de una tienda departamental. En la mayoría de los casos encontrarás un "cambiador de pañales" pegado a los lavamanos. Recuerda cuándo fue la última vez que viste a un hombre (casi siempre joven) llevando a su hijo (o hija) al baño; te aseguro que no hace mucho. Sin embargo, cuando mis hijos eran pequeños y yo los llevaba al baño, ¡no faltó quién me preguntara si era viudo!
- No hace tanto que se consideraba que si una mujer de "clase media" deseaba trabajar (en lo que se casaba), podía hacerlo como secretaria o como dependiente en una tienda, es más, se criticaba que una mujer

que quería estudiar en la universidad seguramente le estaría "robando" el espacio y la oportunidad a un hombre porque se casaría antes de terminar la carrera y no aprovecharía los estudios. No creo necesario repasar el número de profesionistas destacadas que trabajan, ni compararlo con los números de hace unos cuantos años.

INICIACIÓN EN EL TRABAJO

Aún cuando la inducción es responsabilidad del área en la que trabajará el nuevo empleado, RH deberá asegurase que esto se realice de manera eficiente y completa. Todos dicen tener un programa de inducción, sin embargo, son muy pocas las compañías que realmente lo hacen bien; esto requiere disciplina, compromiso de la organización y sobre todo, el entendimiento de que si no se hace bien, el nuevo colaborador puede tener una mayor dificultad para integrarse a la organización; yo me pregunto, si se invierte tanto para seleccionar, ¿por qué no hacemos un esfuerzo similar para introducir a la persona al puesto y a la empresa?

Es necesario revisar con frecuencia lo que está haciendo el área correspondiente. Lo más común es que el responsable del área le delegue esta responsabilidad a algún compañero de trabajo del nuevo empleado; a decir verdad, esto funciona relativamente bien en la mayoría de los casos. Pero una "entrevista de ajuste" a cargo de RH unos días después del ingreso del nuevo empleado puede ayudar a identificar problemas, y resolver aquellos menores antes de que se vuelvan mayores.

Hay individuos que aceptan rápidamente al personal nuevo, los orientan y les ayudan a sentirse cómodos en poco tiempo. Este talento puede ser muy útil, sobre todo en áreas donde hay mucha rotación. Reconocerlo puede ser aún más útil, sobre todo si eres el jefe.

Algunas empresas preparan manuales de bienvenida que entregan a cada nuevo empleado como parte de su programa de inducción. Esto puede ser muy útil como instrumento de mercadotecnia pero no es necesario diseñar e imprimir un manual completo ni gastar mucho dinero en ello. Lo mismo se logra realizando un escrito corto en el que aparezcan:

- Datos básicos de la empresa
  - o A qué se dedica
  - o Cuáles son sus productos o servicios
  - o Lo que espera de sus empleados
  - o Lo que sus empleados pueden esperar de la empresa
  - o Sus objetivos sociales (cómo pretende justificar/explicar/ definir su existencia ante la sociedad)
  - o Otra información pertinente

- Su filosofía en administración de personal
  - o Oportunidades de crecimiento personal
  - o Políticas de Relaciones Laborales
  - o Políticas salariales
  - o Prestaciones (breve descripción de cada una)

- Relaciones Empleado – Jefe
  - o Obligaciones del Jefe en trato con subordinados
  - o Papel del área organizacional de RH

- Otra información que puede resultar útil al empleado de nuevo ingreso

Es muy importante que todo el personal, desde el que hace el aseo hasta el Director General conozcan la empresa, se sientan orgullosos de pertenecer a ella, y ayuden a lograr y formar su buena imagen; desafortunadamente, esto no se ve en la mayoría de las empresas: lo contrario parece ser la norma.

ADMINISTRACIÓN DE PERSONAL

EL PATITO FEO DE RH

En toda empresa hay una unidad organizacional (que bien puede ser media secretaria, o todo un ejército de personas) que se dedican a llevar los controles necesarios para asegurar que exista información completa, detallada y correcta de cada empleado/a en la Compañía.

No busques perfeccionistas para supervisar esta área. El organizador nato tiende a solucionar problemas con prontitud y logra resultados satisfactorios con mayor celeridad porque prefiere a gente con talento para organizar; si bien podría requerirse personas con atención al detalle, el perfeccionista se frustra con mucha rapidez y vuelve loco a sus subordinados. Dicen que la perfección es enemiga de la eficacia; yo creo que siempre debemos lograr que las cosas se hagan bien aunque no es absolutamente necesario que **siempre** se haga lo óptimo.

La administración de personal es el "Patito Feo" del "*Management* de los Recursos Humanos". No es divertido realizar la función de recabar, organizar, resguardar y mantener al día toda la información relativa al personal de la empresa. Es una función que podría confundirse con la de un 'mero archivista' dándose pocas oportunidades de lucirse con actuaciones dramáticas ante los altos mandos de la empresa y/o desarrollar la parte creativa del empleado en esta área; sin embargo, la posibilidad de cometer errores realmente garrafales es alta. Y sin una buena Administración de Personal, no puede realizarse eficaz y eficientemente las funciones del Director de RH. Considera que la administración del personal implica mantener al día toda la información relativa a cada individuo en la nómina de una organización. Esto incluye todos los contratos individuales de trabajo, todos los movimientos implícitos en el IMSS, en el INFONAVIT, múltiples informes fiscales, expedientes personales para cada trabajador, informes y archivos relacionados con sindicatos, relaciones laborales, diseño de formatos, y todo lo que se debe formalizar relativo a cada trabajador, imagínate lo que todo esto implica en los bancos, las cadenas de supermercados, y otras organizaciones que emplean a cientos de miles de empleados.

Obviamente, para todo lo anterior, hay muchos programas computarizados y generalmente se cuenta con personal que "empuje el lápiz" en las actividades rutinarias aunque simplemente se aumenta las posibilidades de errores y complica la solución a problemas que se presentan todos los días. Para colmo de males, lo único que ayuda a aminorar las causales de error y a mejorar las posibilidades de corrección implica aplicar buenos conocimientos del coco de muchos profesionales de los Recursos Humanos: la aritmética. Muchos colegas se especializan en esta función precisamente porque se les dificulta sumar, restar, dividir y multiplicar.

A continuación presento ejemplos de datos estadísticos que ayudan a resolver algunos problemas de administración de personal y/o que algunas veces ayudan a "glorificar la actividad" (lo cual seguramente resulta sumamente útil). Todos los puedes sacar con una calculadora electrónica (como las que regalaban en las cajas de Corn Flakes), o programarlo en la computadora donde se guardan los datos del personal.

Índice de Rotación: este dato sirve para determinar el porcentaje de personas que están dejando de prestar sus servicios en un período predeterminado de tiempo y nos da una idea del trabajo de reclutamiento y selección que debe planearse y hacerse.

Lo más común es calcular este dato para cada grupo de personal (personal de confianza, o sindicalizado, ejecutivos, o todo el personal) y hacerlo mensualmente. Se obtiene dividiendo el número de bajas ocurridas durante el mes (este dato también puede ser desmenuzado en bajas por renuncia, bajas por despido, todas las bajas, etc.) entre el número total de personal (del mismo grupo: de confianza, sindicalizado, etc.) que trabajaba a principios del mes. Puedes sustituir los datos mensuales por datos semestrales y/o anuales.

$$\text{Índice de rotación} = \frac{\text{Número de Bajas}}{\text{Promedio de Personal}}$$

Índice de Rotación por Bajas para el dato anual, divide el total de bajas del año entre el promedio de personal para el año. Otro enfoque es calcular la diferencia entre altas y bajas en un año y dividirla entre el total de personal aprobado en la plantilla del presupuesto del año. Sugiero que tengas cuidado en definir qué es lo que necesitas comunicar a través del índice de rotación que vas a utilizar para definir lo que vas a utilizar como dividendo, y qué vas a utilizar como divisor.

Índice de Ausentismo: es similar al anterior pero aquí sumas el número de días laborables que se perdieron en el mes (puede ser por enfermedad, por faltas injustificadas, etc.) y lo divides entre el resultado de multiplicar el número de días laborables del mes por el número total de personal. Considera como días laborables perdidos tanto por enfermedad como por faltas injustificadas, etc.

$$\text{Índice de Ausentismo} = \frac{\text{Número de días-hombre perdidos en el mes}}{\text{Total de días laborables X número de trabajadores}}$$

Índice Salarial: Este dato sólo lo puedes sacar si utilizas un tabulador flexible para pagar a tu personal (*si no sabes lo que es un tabulador flexible, asómate a la sección de ADMINISTRACIÓN DE SUELDOS que se presenta más adelante*) y sirve para ver si estás pagando de acuerdo a la política salarial de tu empresa.

Si lo que quieres es el *Índice Salarial* para un grupo de empleados (todos los ocupantes de un puesto con mucha población, todos los de un departamento, área organizacional, una sucursal, etc.) divide el sueldo promedio (el sueldo promedio es la suma de todos los sueldos entre el número de personas) de todos los integrantes del grupo entre el punto medio promedio del tabulador correspondiente (el punto medio promedio se obtiene multiplicando el punto medio de cada nivel por el número de empleados en ese nivel, sumando todos los resultados, y dividiendo esa suma entre el total de personal utilizado en las operaciones anteriores).

$$\text{Índice Salarial} = \frac{\text{Sueldo Promedio}}{\text{Punto Medio Promedio}}$$

Promedios Varios: Hay muchos promedios e Índices que pueden resultar útiles en el manejo del día con día de la Gestión de Personal como por ejemplo, el *Promedio de Escolaridad* (convierte cada ciclo escolar en años de estudio requeridos: primaria = 6 años, secundaria = 9 años, preparatoria = 12 años, etc., divide el resultado de sumar todos los casos entre el número de casos, y ya está).

En resumen, el responsable de la gestión de personal, no puede darse el lujo de ser "enemigo de la aritmética".

EVALUACIÓN DE DESEMPEÑO

POR QUÉ DEBEMOS VALUAR EL DESEMPEÑO

Empezaré esta sección aceptando que la Valuación por Desempeño es un mal necesario.

Cuando ponemos en marcha los programas de Evaluación de Desempeño nos damos cuenta que, si hacemos lo que nos indica RH que debemos hacer, no nos queda tiempo para trabajar en lo nuestro lo que nos obliga a practicar técnicas más efectivas que las generadas por las valuaciones multi-dimensionales (el término que se puso de moda fue el de 360 grados, transformándose en 90 grados, 270, y hasta 450 grados). Consisten en obtener comentarios de parte de personas ajenas al jefe (por ejemplo: "el cliente", "el proveedor", "el par", y hasta "el colaborador"--antes conocido como "el subordinado") sobre el cumplimiento de las funciones del empleado, incluyendo quien recibe lo que el empleado realiza.

Este enfoque tiene validez, pero no en todos los casos. En mi opinión, si el puesto es uno donde se evalúa al jefe por los resultados de los esfuerzos de su equipo (por ejemplo: el jefe, supervisor o mayordomo de una línea de ensamble) es apenas justo que se le permita al jefe (y solamente al jefe) evaluar la actuación de cada uno de sus subordinados.

Si, por otra parte, estamos evaluando el trabajo de un vendedor que pasa prácticamente todo su tiempo con clientes (reales y potenciales) es más valiosa la opinión de sus clientes (y los resultados medibles de sus ventas) que la de su jefe quien sólo puede evaluar al vendedor, probablemente, en función a los reportes que le presente. Y ya que estamos poniendo este ejemplo, tal vez convenga incluir en el equipo de evaluación al empleado de contabilidad (o de administración de ventas) porque debe trabajar con los reportes condensados que el vendedor realiza para su trabajo.

El contenido de los dos párrafos anteriores nos lleva a la necesidad de preparar "mapas de evaluación" por área organizacional, y en algunos casos, por puesto: ¿porqué no?. En estos mapas se determina quién debe evaluar qué, y cómo se reporta la evaluación. Antes de terminar el tema de Evaluación por Desempeño, trataré de explicar a través de un ejemplo, cómo se puede desarrollar uno de estos "mapas".

Como podrás notar, paciente lector, no hablo de justicia, de objetividad, y ni siquiera de consistencia: nada de eso se logra porque el proceso de Evaluación de Desempeño que hace algunos años era muy necesaria, hoy día, con la "Generación Einstein" que empieza a presentarse en la mayoría de las empresas entre el personal de nuevo ingreso, se vuelve **indispensable**. (Este punto lo traté en la sección de **CULTURA**, inmediatamente antes de **INICIACIÓN EN EL TRABAJO).**

A continuación repasaremos brevemente algunos de los enfoques en la Evaluación de Desempeño que se usan con mayor frecuencia en México.

LAS CALIFICACIONES

Casi todos los programas de Evaluación de Desempeño utilizan algunas de las siguientes formas de calificar el desempeño:

Números, palabras o letras.- Aquí simplemente se usan las calificaciones que se utilizan en las escuelas para clasificar los resultados de las pruebas en las escuelas.

- Los números generalmente van del 0 al 10, o del 0 al 100. En algunos programas que tratan de aparentar creatividad pueden utilizar otros rangos, pero de una forma u otra, dan la impresión de que plantean un porcentaje del logro con relación al objetivo deseado.
- Otra variante de números implica la asignación de puntos según resultados obtenidos en tres o más porciones de la calificación, por ejemplo: digamos que se califican Cantidad de trabajo, Calidad en el trabajo, y Oportunidad en la entrega de resultados. Cada uno se califica como en la escuela, de cero a diez, pero se le pide al evaluador que les ponga peso a cada factor según su importancia. El peso será valuado de 1 a 5 y no puede haber más de dos factores con el mismo

peso. Los puntos se obtienen multiplicando la calificación por el peso asignado a cada factor.

- Las palabras, que pueden ir desde DEFICIENTE (o "ÁREA DE OPORTUNIDAD") hasta EXCELENTE (SOBRESALIENTE u otro término similar) pasando por expresiones tales como: SATISFACTORIO, CUMPLE, o PROMEDIO y otras que indiquen términos parciales de satisfacción con los resultados.
- Las letras pueden ser indicativas de las palabras usadas como ejemplos en el punto anterior, representando la forma de calificar en las escuelas americanas: A, B, C, D y F, a veces, incluyendo los signos de mas (+) o menos (-) en cada letra. Considera que el uso de letras hace más difícil sacar promedios. De hecho, tienes que convertir las letras a números y después reconvertir los números en letras.

Comentarios.- Otro método de valuación implica que el valuador describa el logro haciendo comentarios que pueden incluir ejemplos, recomendaciones, compromisos (tanto del evaluado como del valuador) y/o planes de acción para el futuro inmediato.

EVALUACIÓN POR FACTORES

Probablemente el programa más utilizado sea alguno que pide que todos los integrantes de un grupo (los integrantes de una sección o departamento, o todos los que son pagados en la misma nómina, o que incluso puede ser todo el personal) son valuados según sus resultados clasificados en un grupo de factores, que representa un conjunto de valores, logros, resultados y/o instrucciones, incluyendo, los objetivos del trabajo.

Algunos ejemplos de factores utilizados en empresas mexicanas son:

Volumen de trabajo, Calidad de los resultados, Oportunidad con que cumple lo encomendado, Habilidad para trabajar en equipo, Disponibilidad, Cooperación, Iniciativa, Don de mando, Trato con sus colegas, Supervisión otorgada, Supervisión recibida, y muchos otros.

Estos programas casi siempre tienen definiciones de los factores y de las calificaciones a otorgar. Generalmente, las evaluaciones se hacen dos veces al año, el responsable de evaluar es el jefe inmediato obligándose al jefe revisar los resultados de la evaluación con el evaluado. Recursos Humanos monitorea el programa, se asegura de que cualquier persona con funciones de supervisión realicen las evaluaciones para todo su personal, y que una copia de cada evaluación firmada por el empleado se guarde en el expediente del empleado.

Estos programas ofrecen la ventaja de ser relativamente sencillos en su aplicación y, bien llevados, pueden ser relativamente objetivos. Como los resultados forman parte del expediente de cada trabajador, se evita reacciones intempestivas por parte del jefe cuando el empleado incumple sus responsabilidades; además, permite revisar el historial de cada empleado para tomar decisiones tales como aumentos de sueldo, promociones, y consideraciones especiales; y son útiles en recortes de personal, medidas disciplinarias, y tratos/negociaciones con el sindicato.

Sin embargo, cuando una persona supervisa a grupos grandes de personal, digamos más de 12, suele sentirse abrumado y con frecuencia tiende a calificar a todos por igual, omitir las sesiones de intercambio de información con los evaluados, o simplemente no cumple con el programa como se espera. Otra desventaja es que son fácilmente manipulados y ocasionalmente se convierten en un arma de poder a individuos que los utilizan para explotar a subordinados.

EVALUACIÓN POR COMPETENCIAS

La gran diferencia entre este programa y el de Evaluación por Factores es que se evalúan, como lo especifica su nombre, las "Competencias". Tal vez el término "Competencias" es una traducción desafortunada del inglés ya que en español se confunde con el vocablo "Competencia" que proviene de "Competir" (como en las Olimpiadas, o con aquellos que producen y/o venden productos similares a los nuestros, como los de Hewlet Packard con los de Apple, o como Ford y Nissan).

Si relacionamos "Competencia" con ser "Competente" (como una secretaria en un despacho de abogados) nos acercamos más a entender lo que es "Evaluación por Competencias". Considera que estos programas no pueden ser aplicables a todo el personal: sirven para evaluar a personas en puestos con actividades y responsabilidades afines. Y al pensar en este grupo de "Competencias" evitamos caer en la tentación de valuar características personales (por ejemplo: "iniciativa") que con frecuencia se utilizan en los programas de Evaluación por Factores.

Veamos un ejemplo de "Evaluación por Competencias". Suponiendo que fuéramos a evaluar a vendedores de piso en Liverpool, en El Palacio de

Hierro o en Sears, tal vez nos interesaría saber cómo responde el empleado a una situación en que un cliente busca un artículo que le gustó pero que no hay su talla en existencia. Seguramente, también nos interesaría saber cómo maneja una situación en la que el cliente necesita la atención de un vendedor en otro departamento cuando todos están ocupados y si se acerca, de otro departamento, el empleado que está desocupado. No necesariamente nos interesaría conocer estas competencias para vendedores de bienes raíces, o de tiempos compartidos, ¿verdad?

También la manera de calificar sería diferente a la utilizada en Evaluación por Factores. Seguramente la utilización de ejemplos y descripción de actividades, conocimientos y actitudes aplicables nos servirá mucho más para calificar competencias que una calificación de 0 a 10.

Más que una calificación, en Evaluación por Competencias, se escriben comentarios que nos indican qué tan competente es el individuo en cada uno de los aspectos que se están evaluando y con frecuencia el jefe/evaluador dará su opinión sobre el potencial del individuo. Por cierto, estos comentarios suelen ser más importantes que la evaluación misma. Se puede ayudar al evaluador proporcionándole una guía de comportamientos que le permita definir cuándo se cumple o no con lo deseado para cada competencia o dimensión que se pretende valuar.

EVALUACIÓN POR OBJETIVOS

La Administración por Objetivos se puso de modo hacia fines del Siglo XX y consiste en que jefe y subordinado negocian los resultados esperados del subordinado así como el tipo de apoyos que el subordinado deberá recibir de su jefe, de la empresa, y/o de fuerzas ajenas a ambos (como por ejemplo: el comportamiento del mercado). Para que la Administración por Objetivos funcione eficaz y eficientemente es muy importante que se fijen fechas en las que se medirá el avance de los logros esperados para cada tarea establecida. El resultado de la revisión es la Evaluación por Objetivos.

Nuevamente la manera de calificar se relaciona con el porcentaje de avance logrado, los aspectos que pudieron haber cambiado, y las acciones que se tomaron (o que debieron tomarse). Este tipo de programas requiere de sólida madurez tanto del jefe como del subordinado, y definitivamente no se puede calificar con un número, palabra o letra.

Y no es aplicable a todo el personal; de hecho, la mayoría de los puestos, en la parte baja del organigrama, no admiten la negociación de objetivos a lograr.

EVALUACIONES MULTIDIMENSIONALES

Los programas multidimensionales, aquellos que se ha dado por identificar utilizando términos que se aplican en geometría (los que van desde 90 grados a más de 420), en realidad pueden ser como los descritos arriba. Lo que les da el nombrecito, es debido a que la evaluación la realiza más de una persona. El jefe sigue siendo responsable de que se realice el programa pero se le pide a otros que asignen las evaluaciones. Quiénes son los evaluadores puede variar según las funciones y actividades ejecutadas por el evaluado. El evaluador más común suele ser "El Cliente" entendiéndose por "Cliente" el o los que reciben el servicio de parte del empleado; por ejemplo, en un restaurante el comensal puede ser el cliente del mesero, pero el mesero puede ser el cliente del chef, o del cocinero. Se ha dado por llamar "clientes internos" a otros empleados de la misma empresa.

La manera de evaluar depende del cliente; mientras que pedirle a otro empleado que nos informe sobre la persona que le da un servicio puede ser muy detallado, e incluso complejo, pedir la opinión del cliente externo puede depender del servicio ofrecido, aunque generalmente implica respuestas rápidas, escuetas, con poca información.

El cliente no es el único que puede opinar sobre los logros del empleado; en muchos programas multidimensionales se pide la evaluación a los colegas, al jefe, a los subordinados y a otros que pudieran ser afectados por el evaluado.

Otro aspecto que hace que estos programas sean diferentes a los arriba descritos es el formato a utilizar por el evaluador. La mayoría de los hoteles y restaurantes utiliza formatos cortos y fáciles de llenar como clientes (seguramente conoces este tipo de formatos). Sin embargo, un despacho de consultoría generalmente recurre a una entrevista con personal clave de la empresa que recibe el servicio y los formatos que llena quien hace la entrevista son más complejos y complicados.

REGRESEMOS A LOS "MAPAS DE EVALUACIÓN"

Pensemos, aplicando la lógica, que determinaremos cómo realizar la evaluación de desempeño en una empresa de manufactura.

Habrá trabajadores (obreros) en labores repetitivas donde las actividades efectuadas están identificadas. Lo más probable es que para éste grupo una evaluación del jefe orientada a conocer la cantidad, la calidad y la oportunidad del trabajo sea suficiente. Si al jefe se le da oportunidad de agregar comentarios (por ejemplo: cómo se lleva con sus compañeros, su actitud al recibir instrucciones, etc.) pero no se le obliga a valuar estas cosas como factores, se le da la oportunidad de ser más conciso en la evaluación sin obligarlo a perder tiempo evaluando una infinidad de factores. Probablemente nos interesará conocer la evaluación del empleado no antes de dos meses ni después de cuatro a partir de la fecha de su contratación. A partir de la primera evaluación, una vez al año será, probablemente, suficiente. Como es una herramienta de supervisión, convendría insistir en que el evaluador repase la evaluación con el evaluado y pedir que el trabajador firme de conocimiento guardando el registro en su expediente, después de darle una copia.

Recursos Humanos debiera entrevistar a los evaluados que obtuvieran evaluaciones muy bajas y muy altas, e incluso entrevistar a un porcentaje mínimo de evaluados cuyas calificaciones fueran intermedias para mayor seguridad. En esta parte de verificación, se vale calificar de manera muy sencilla, con números, letras y/o palabras previamente definidas.

Pasemos ahora a los trabajadores de mantenimiento; es decir, aquellos que prestan servicios a otros departamentos más no a quienes realizan limpieza. El jefe puede evaluar de manera similar a los de trabajo rutinario aunque tal vez sería conveniente agregar uno o dos factores o competencias adicionales. Pero aquí se justifica que, cuando menos uno de los clientes internos del trabajador, exprese sus comentarios sobre el servicio recibido de manera periódica, cada 6 o 12 meses y no se pediría una calificación: se pedirían comentarios orientados a conocer la satisfacción del cliente interno por el servicio recibido.

En los puestos de oficina, aplica enfoques análogos cambiando factores por competencias y dependiendo del puesto, agregando evaluaciones de clientes internos.

Para puestos de supervisión y de mandos bajos, un enfoque de evaluación por objetivos probablemente ayudaría a mejorar la productividad y la periodicidad no sería fija sino que dependería de los objetivos establecidos. Es aquí donde RH utilizaría un activo enfoque de *coaching* y con frecuencia, entrevistaría a los clientes del evaluado. Dependiendo del tipo de puesto, empezaríamos a pedir evaluaciones (comentarios) de pares/colegas donde la competencia más importante a evaluar es la de "trabajo en equipo".

Para los puestos más altos, el jefe no llenaría formatos de evaluación sino que investigaría con clientes, pares/colegas, y subordinados directos (a veces) la eficacia y eficiencia de sus decisiones.

BALANCED SCORECARD (BSC)

No me siento seguro de incluir esta técnica de gestión dentro del capítulo de Evaluación de Desempeño. Creo que esto es un paso posterior a la evaluación y que no es propiamente una función de Recursos Humanos sino de todo directivo en una organización empresarial. Por otra parte, RH es probablemente quien mejor puede ayudar al CEO a implantarla. También se me dificulta traducir el término, ya que una traducción literal no describe el enfoque y tiende a confundir, así que continuaré utilizando el término en inglés; por cierto: el uso de la abreviación BSC es relativamente común.

El BSC es una herramienta de estrategia de gestión de rendimiento enfocada a estructurar métodos de diseño y programas automatizados para establecer objetivos, dar seguimiento a las actividades de subordinados y otros individuos que pueden ser controlados, para mejorar la eficacia y eficiencia del trabajo desarrollado. Una buena manera de encontrar información más completa de este tema es buscarla electrónicamente en el buscador *Google* activando palabras tales como "Balanced Scorecard", "Rendimiento del Prisma" (nombrecito utilizado por una empresa de consultoría), "Gestión basada en Resultados", "Hoshin Kann", un enfoque utilizado por algunas empresas japonesas que se está poniéndo de moda mundialmente (probablemente por así merecérselo).

YA VALUAMOS: ¿AHORA QUÉ?

Con frecuencia se nos olvida que la razón de ser de los puestos ejecutivos, tanto en la industria como en el gobierno y hasta en las empresas sin fines de lucro, no es para crear puestos en los organigramas a los que podamos aspirar porque pagan más que a los que supervisamos o porque gozan de algunos beneficios y prestaciones que no se otorgan a puestos más bajos, ni siquiera porque los ocupantes son tratados con más pompa y circunstancia: los puestos ejecutivos existen porque supuestamente ayudan a mejorar la productividad. Y la única forma en que los ejecutivos son más productivos es mejorando los resultados de los subordinados. Eso no se logra sentándote a hacer lo mismo que tus subordinados: sólo se logra haciendo que tus subordinados trabajen con mejor calidad, desarrollen mejores resultados, cometan menos errores, produzcan excelencia; es decir, a través de su desarrollo en el trabajo.

Si identificamos las áreas de oportunidad, actuamos para explotarlas, y utilizamos la administración de compensación como una parte del reconocimiento de los resultados que la empresa recibe de los esfuerzos del personal, tal vez, podamos recompensar mejor a nuestros subordinados y lograr recompensas más deseables por nuestro trabajo. Además, la práctica de todo lo anterior, también te permite conocer lo que tus subordinados saben (y lo que no saben) para darles mejor dirección, capacitación, materiales de trabajo más adecuados, y motivación incluyendo saber si lo que propusiste funciona, y cómo se afectan los resultados obtenidos.

ADMINISTRACIÓN DE SUELDOS

¿CÓMO DEFINIR CUÁNTO VALE EL TRABAJO?

Para realizar una adecuada administración de sueldos y ponerlos en el nivel adecuado, es necesario definir el valor del puesto en el mercado, desarrollar tabuladores, determinar el desempeño del ocupante del puesto, y desarrollar estrategias de aumentos. Los responsables de esta actividad requieren sólidos conocimientos de Estadística, estar familiarizados con encuestas salariales, y conocer a fondo las políticas y estrategias de la empresa; además, deberán ganarse el respeto y la confianza de los supervisores y de las gerencias de línea para asesorarlos e influirles con el fin de que se tomen decisiones que ayuden a atraer, motivar y retener al personal más productivo con excelente desempeño. Esto requiere profundos conocimientos y talento en el arte de negociar y convencer.

Durante muchos años, todos los "Expertos en Remuneración" nos repetían hasta el cansancio que Equidad Interna era (y debía ser) una de las más sagradas reglas de la buena Administración de Sueldos y Salarios. La Ley Federal del Trabajo mexicana establece que a Trabajos iguales, se deben pagar Salarios iguales. Y añade "…en igualdad de condiciones de eficiencia". Yo, a la fecha, necesito que alguien me defina el verdadero significado de "condiciones de eficiencia" cuando se trata de la administración de la remuneración.

Una herramienta para lograr equidad interna es el "tabulador". Los hay "rígidos" (un salario específico para quienes realicen una misma función o grupos de funciones, muy común en los contratos colectivos para personal sindicalizado), y los hay "flexibles" (rangos salariales para distinguir diferencias de desempeño entre individuos realizando labores de igual valor).

Respetar la equidad interna es definitivamente lo más importante en Administración de Sueldos desde el punto de vista de quien está directamente afectado por la Administración de Sueldos: el empleado. Hace no muchos años alcanzó gran popularidad (entre quienes asignan los sueldos) el concepto de *Broad Banding* que básicamente implica que es válido hacer grandes distinciones en el pago de sueldos cuando hay grandes diferencias en el desempeño de las funciones por parte de los empleados.

No es mi intención en este libro iniciar (o en su caso, terminar) la discusión de si *Broad Banding* es o no la respuesta a todos los males (o la mayoría de los males), cuando a políticas de compensacion se refiere, con las que nos topamos los responsables de RH en las empresas.

El experto en Administración de la Remuneración debe tener talento para definir cuándo la equidad interna debe tomar prioridad en la empresa, y cuándo los resultados del desempeño individual deben ser recompensados de manera extraordinaria para lograr que la empresa se fortalezca sin ocasionar su futuro debilitamiento. En otras palabras, la Administración de la Remuneración no es la aplicación de reglas rígidas en sueldos y salarios sino que es o debe facilitar el proceso de pagar al personal en función al valor del puesto, el desempeño de cada persona, considerando la influencia del mercado de compensación en el ambiente laboral. Si dentro de este enfoque encuentras la manera de evitar que la dirección de la empresa cometa fallas de criterio que perjudiquen a la empresa y pongan en riesgo el puesto del director en cuestión, entonces podemos decir que el responsable tiene el talento necesario implicando, con ello, pagarle bien. Por otra parte, el pagar bien no implica pagar mucho, pero sí considerar otros varios aspectos tales como apertura de nuevos mercados, guerras con la competencia, cambios sociales que incrementan o disminuyen la cantidad de candidatos viables para cubrir necesidades nuevas o cambiantes. Con (tal vez demasiada) frecuencia es necesario que estas situaciones se resuelvan con incentivos puntuales tales como bonos de desempeño, y/o re-clasificación del rango en ciertos puestos.

LA COMUNICACIÓN, LOS SUELDOS, Y EL SEXO

¿Todavía hay empresas que consideran que todo lo relativo a sueldos debe ser información confidencial? ¿Todavía hay padres que se oponen a la educación sexual a sus hijos?

Si en tu empresa la gente siente que no es necesario pedir un aumento de sueldo, que los aumentos llegan cuando deben llegar y que dependen de los resultados del personal, que se les demuestra que su sueldo tal vez no sea suficiente pero si congruente con lo que se espera de su trabajo, con lo que paga el mercado, y con las capacidades de la empresa; si una persona que tiene alguna duda relacionada con lo que se le paga, cómo se le paga, y qué puede esperar en cuanto a aumentos de sueldo, va y lo aclara con su jefe, o con RH; si estas aclaraciones generalmente se concentran en el individuo y rara vez se compara (o compara sus ingresos) con sus compañeros; entonces . . . refleja la situación en tu empresa y seguramente estás haciendo bien las cosas.

Si consideras que no estás haciendo bien las cosas, puedes utilizar el listado que se presenta a continuación para ver hacia dónde debes empezar a trabajar y canalizar los recursos existentes:

- Si no tienes algún enfoque sistémico para evaluar los puestos de tu empresa; es decir, si no tienes un enfoque bien definido que te permita comparar el valor de los puestos de tu empresa entre sí, entonces debes establecer algún programa de evaluación de puestos.
- Si no has definido algún sistema para valuar el desempeño del personal o lo que estés utilizando no está dándote los resultados lógicos, congruentes, razonables y razonados que esperas, revisa cuidadosamente las características de los diferentes grupos de puestos y establece enfoques que te funcionen en cada grupo.
- Si no sabes cuánto están pagando las empresas que compiten con la tuya por el personal, (¡ojo!, no se trata de tu competencia en los productos y/o servicios que ofreces, sino las que compiten por personal competente) desarrolla una encuesta o participa en alguna. Revisa y estudia las que hay en el mercado y decide en función a los resultados que buscas. No selecciones al proveedor por lo que cuesta o porque algún amigo te dijo que tal o cual es la mejor; infórmate sobre las características de los diferentes proveedores, y contrata a quien te entregará la información que necesitas.
- Establece políticas claras y sencillas que te permitan establecer objetivos de sueldos que evalúen tanto el desempeño individual del empleado como lo que paga el mercado, y desarrolla estrategias estableciendo cuánto, cómo y cuándo se deben otorgar aumentos para llevar a cada persona a su objetivo de sueldo en un tiempo razonable. Si estás totalmente perdido, contrata a un consultor.
- Diseña un programa de comunicación al personal en el que expliques la política, objetivos y estrategias salariales de la empresa. No trates de "tapar el sol con un dedo" ni des una indigestión de información. Piensa en qué harías si tuvieras hijos adolescentes que no han recibido

ninguna información de sus padres sobre el sexo y que ahora los quieres educar: seguramente no te vas a tardar años en proporcionársela, ni vas a ir a rentar o comprar películas pornográficas para enseñárselas el viernes por la noche.

PRESTACIONES Y BENEFICIOS

HAY MUCHAS MANERAS DE PAGAR

A diferencia del pago básico, se ha dado en llamar "Prestaciones" a pagos en efectivo, en especie y a veces en tiempo, al personal por motivos que no siempre se relacionan directamente con el trabajo, a diferencia de los salarios (que normalmente se pagan a los obreros) y/o los sueldos (que se pagan al personal de confianza). Los Beneficios tampoco se relacionan directamente con el trabajo: son servicios que generalmente se pagan en especie y/o tienden a distinguirse por aspectos tales como posición organizacional, antigüedad u otras consideraciones.

En las empresas estadounidenses se tiende a clasificar como *"Perquisites"* a los beneficios otorgados a los ejecutivos en alto nivel organizacional; por cierto, en esas empresas con frecuencia les llaman "salarios" a los sueldos (del inglés "salary" en contraposición al término "wages" que se aplica a personal en labores muy repetitivas o por hora).

En EEUU, Canadá, y la mayoría en algunos países de Europa se pagan Beneficios que suplen la falta de servicios sociales proporcionados por los respectivos gobiernos de esos países. Por ejemplo, a falta de servicios de salud del tipo proporcionado por el IMSS en México, se otorgan Seguros de Gastos Médicos; para complementar pensiones consideradas dentro de la seguridad social, se acostumbra establecer planes privados y/o fondos de ahorro que ofrecen ventajas fiscales (por ejemplo: el protegido por el punto 401, enciso K de la Ley de Impuestos en EEUU). Por el contrario, en países como Noruega, Suecia, Dinamarca y Finlandia los servicios sociales gubernamentales tienden a evitar que las empresas en esos países ofrezcan esas prestaciones.

Para explicar el probable origen de estas diferencias, hagamos un poco de historia: en época colonial, los grandes "industriales latinoamericanos" eran las haciendas y las minas. Mientras que los trabajadores recibían sueldos de hambre, el uso y costumbre (basada en la ética católica desde antes de las épocas feudales) era que el patrón se hacía responsable del bienestar de sus trabajadores y sus familias; es decir, el patrón proporcionaba habitación, servicios de salud, servicios religiosos (incluyendo el regalo de navidad, conocido en esos días como aguinaldo) y, a través de la tienda de raya, hasta la comida y artículos de primera necesidad.

Se viene la Guerra de Independencia pero las relaciones obrero-patronales se mantienen con muy pequeños cambios. Luego en México, llega la revolución, y la constitución de 1917 (considerada un modelo a seguir por "moderna" y "humanista", perpetuándose desde luego, las arraigadas costumbres).

En esa misma época, el norte de Europa estaba pasando por dos etapas históricas de gran importancia: la mayoría de los países habían repudiado al papa, abrazando al protestantismo y habían entrado de lleno a la revolución industrial.

La ética católica había pasado de moda y con ello se había olvidado que el reino de los cielos es de los humildes y que ser pobre y sacrificado se premiaba con el paraíso. La ética protestante enseñaba que Dios premiaba a los buenos en vida, y que los designios de Dios eran tales que quien trabajaba y obtenía riqueza seguramente sería bendecido por el Señor.

De allí que los empresarios estadounidenses (cultura donde prima la ética sajona) se sorprenden de que en México paguemos aguinaldo, prima de vacaciones, y que la empresa debe indemnizar a trabajadores que son despedidos por circunstancias tan "injustas" como que el mercado nos obliga a bajar la producción. Por otra parte, los mexicanos que se enteran que en USA no hay aguinaldo, ni prima de vacaciones, ni indemnización cuando baja la necesidad del trabajo, ni seguro social, ni INFONAVIT, **deben** rehacer sus planes de emigrar para allá "tan pronto como salga la oportunidad".

En México la obligación de proporcionar casas, transporte, servicios de salud y esparcimiento se convierten en leyes, las cuales se convierten en IMSS (ISSTE cuando el patrón es el gobierno), INFONAVIT, aguinaldo, vacaciones, prima de vacaciones, tiempo extra, y días festivos. En Venezuela, Colombia, y otros países latinoamericanos, se han establecido leyes y reglamentos similares.

Ahora bien, no todas las prestaciones mexicanas deben atribuirse a las épocas de la conquista. El mexicano moderno también sabe ser creativo, sobre todo cuando se trata de encontrar la manera de pagar menos impuestos. Los Fondos de Ahorro, Vales Despensa, Comedores, Servicios de Transporte (incluyendo el Auto Asignado al sufrido ejecutivo mexicano) son resultado directo de la interminable lucha contra el SAT. Bien manejados, es posible exentar impuestos sobre el beneficio obtenido y el costo de estos servicios es deducible. Sin embargo, no olvides que todo lo anterior tambien implica que el ingreso del empleado cuando se jubile será menor a lo proporcionalmente recibido porque lo percibido como "prestaciones, beneficios, *perquisites*" y canonjías" no estará indexado en el monto mensual de su jubilación.

Por cierto: en las empresas que tienen "objetivos de lucro" puede ser un grave error utilizar los sueldos, prestaciones, beneficios y otras canonjías pagadas por el gobierno por las siguientes razones y no es siempre recomendable hacerlo:

- Recordemos que la gran mayoría de las entidades gubernamentales no tienen objetivos de lucro.
- La mayoría de los que dedican su vida al servicio de los ciudadanos lo hacen por "amor a la patria" o por una verdadera vocación de servicio.
- O por hambre.

Lo anterior explica por qué en el servicio civil encontramos una gran disparidad de sueldos, prestaciones, beneficios, "*perquisites*" y canonjías que pocas veces se dan en la iniciativa privada.

SERVICIOS AL PERSONAL

A continuación encontrarás un breve listado de servicios que las compañías grandes suelen ofrecer a su personal. Tal vez en tu empresa no sea posible ofrecer ninguno pero considero que debería interesarte conocer lo que ofrecen ya que de una forma u otra, compites con muchas de ellas en lo relativo a la atracción y retención de personal talentoso, preparado. eficiente y eficaz.

SERVICIOS MÉDICOS

Empecé en 1960 mi primer trabajo formal en Ford de México, ya les he contado. Como parte del proceso de contratación, fui enviado al Servicio Médico de la empresa donde se me hizo un sencillo examen médico y me explicaron que si me enfermaba debía pasar a que me revisara el médico de la empresa, o bien reportarme a "personal" para que enviaran al médico a mi casa a revisarme. Se me explicó que las medicinas que me recetara el médico de la empresa me las surtirían gratuitamente una cadena de farmacias, el médico me daría una incapacidad y me informaría si debía concertar una cita en el IMSS para que allí me dieran el papeleo para otra incapacidad.

Si cumplía con esos requisitos, la Compañía me pagaría:

los primeros tres días de incapacidad complementando el subsidio del IMSS al 100% de mi sueldo hasta el máximo de 90 días y el 60% de mi sueldo a partir del día 91 hasta que el médico de la empresa constatara que mi enfermedad estaba curada.

Yo había trabajado en California durante todo el tiempo que estudié la carrera, la mayor parte para la misma empresa, y en mi vida jamás había sospechado que la empresa le pagaría al empleado la consulta de un médico, las medicinas, y el sueldo aunque no trabajara por causa de una enfermedad. Es más, no tenía idea de lo que era "el IMSS", y nunca había oído el término "incapacidad". Quedé anonadado. Yo tenía amigos que trabajaban en la planta de Ford en Milpitas, California, y jamás había sabido que hubiera un servicio médico allí. Posteriormente me enteré que Ford, en EEUU, subsidiaba parte del precio de un seguro de gastos médicos si el empleado pagaba la mayor parte del seguro.

Posteriormente, al aceptar la Dirección de RH en Ideal Standard y enterarme que no ofrecían esa prestación, me tardé exactamente tres meses en lograr que me autorizara implantar el servicio (copiando la prestación de la Ford aunque tal vez un poco menos generosa). Esta autorización no fue a causa del gran poder de convencimiento que mi agradecido corazón adquirió al enterarme del enorme beneficio que la Ford concedía a su personal. No. La autorización, y el presupuesto para implantar la prestación obedeció a motivos más banales: **era indispensable reducir los índices de ausentismo**.

Había fechas muy populares en que el ausentismo podía llegar a índices que excedían al 50%. Algunos ejemplos son el día del santo de las Marías, los Antonios, y los Franciscos pero los peores eran cuando había un juego clásico de fútbol o un campeonato de una larga serie de deportes. Esas faltas de uno o dos días (también se hacían "puentes") eran justificadas con incapacidades de las clínicas del IMSS que otorgaban incapacidades sin sueldo hasta de tres días (y unas cuantas pastillas de paracetamol) ya que en esos tiempos, y muchas veces en estos también, el médico familiar del IMSS otorgaba incapacidades de hasta tres días a cualquiera que llegara poniendo cara de pujido. En el momento que la empresa empezó a pagar incapacidades de hasta tres días, siempre y cuando el médico de la empresa constataba que efectivamente estaba enfermo, mejoraron dramáticamente las ausencias por enfermedad.

En México, hay una provisión en la LFT indicando que las empresas con más de 100 empleados deben tener un consultorio médico. Muchas no cumplen con ese requisito. Tal vez les convenga hacerlo. Si en tu empresa el número de personal no justifica un servicio médico como el de Ford, investiga la posibilidad de que un buen médico asista diario una o dos horas en días hábiles y tal vez hasta logres conseguir que la farmacia de la esquina le haga un descuento al personal de tu empresa aunque sólo sea en medicinas genéricas.

SERVICIOS DE COMEDOR

La gran mayoría de las empresas grandes ofrecen servicios de comedor a su personal. En general, la comida tiende a ser aburrida pero sana y los precios al personal baratos aunque casi todas las quejas más comunes se relacionan con el servicio de comedor. Cuando el servicio se subcontrata a un concesionario, el comentario más común es que la calidad y cantidad de alimentos, con el tiempo, ya no respeta lo acordado en el subcontrato. Sin embargo, cuando la propia empresa proporciona el servicio, sus esfuerzos tienden a orientarse a evitar desperdicio y robos. En la mayoría de las empresas donde se otorga ésta prestación, el problema mayor es presupuestal.

En mi experiencia, las empresas que se sienten menos apabulladas por el reto de ofrecer los servicios de comedor, tienen las siguientes costumbres:

- No discriminan entre lo que se sirve a los obreros, a los empleados, ni a los ejecutivos.
- Mantienen menús sencillos con muy pocas variantes y pocas opciones para sustituir platillos.
- Prestan mucha atención a la calidad de los alimentos, la limpieza, y la comodidad de los muebles.

Y realmente no he notado gran diferencia entre el servicio concesionado y el proporcionado por la empresa.

Hoy día está de moda otorgar vales para que el trabajador reciba descuentos en restaurantes y fondas cercanas al lugar de trabajo. Los restaurantes y fondas generalmente comparten el descuento con quienes les envía sus trabajadores a consumir sus servicios. Esto ha originado que los vales-despensa y vales-restaurante se hayan vuelto una forma de pagarle al trabajador una porción de su sueldo exentando impuestos. Hay ciertos requisitos que deben llenarse para que el ingreso sea libre de impuestos y ese gasto sea deducible para la empresa. Si te interesa, consúltalo con tu contador.

CAJA DE AHORROS

Cuando en Intergamma éramos unos 20 a 25 Empleados, una socia-consultora nos comentó a los otros socios que necesitaba cambiar de auto aunque no tenía cómo ni dónde juntar el dinero suficiente para resolver su problema de transporte al trabajo. Entonces se nos ocurrió copiar un programa de uno de nuestros clientes.

Establecimos la regla de que para pertenecer a la caja de ahorros, el empleado debería ahorrar un porcentaje mínimo de sus percepciones periódicas que se descontaría por nómina de manera automática. El empleado podría pedir prestado a su caja de ahorros una cantidad que no excediera un mes de sueldo más sus ahorros personales. En caso de renuncia o dejar de trabajar por cualquier motivo, antes de pagársele el finiquito, su primera deuda a solventar era con la caja de ahorros de Intergamma. Sin embargo, no se regresarían los ahorros a fin de año a diferencia de lo que está establecido en la mayoría de las cajas de ahorros mexicanas; de hecho, hasta para salirse de la caja, el socio tendría que pagar cualquier adeudo con la caja cuando menos dos meses antes de la efectividad de su baja. Los préstamos a la caja pagarían intereses iguales a los pagados por CETES* en el momento del préstamo. Se podían pedir préstamos con la frecuencia que el socio lo deseara pero sin exceder su límite de crédito.

Anualmente, durante el mes de octubre, el socio podía solicitar que se le pagaran hasta el 50% de los dividendos cobrados por intereses a los préstamos cuyo pago de dividendos se haría durante diciembre a la vez que anualmente y no se otorgarían préstamos de octubre a diciembre en ese año. Si el socio lo deseaba, podía no cobrar sus dividendos y esa cantidad pasaría a incrementar su capital acumulado.

El resultado fue que en menos de dos años nuestra socia pudo comprar un departamento con préstamos de la Caja, varios compramos autos, y algunos hasta fuimos incorporando parientes a la caja (había una empleada que ahorraba el 100% de su sueldo, 20% era de ella, el resto de su papá).

Si en tu empresa no se hace algo así, la Caja de Ahorros puede ser un servicio muy bien recibido y vale la pena que consideres esta prestación

---

*   *CETES.* – Inversión en bonos del gobierno mexicano que pagan los intereses más altos con muy bajo riesgo financiero.

mientras los bancos cobren intereses de usura por los préstamos que hacen y paguen dividendos miserables; la Caja de Ahorros puede ser una excelente prestación de muy bajo costo para tu empresa. Pon a tus expertos financieros a investigar qué permisos y autorizaciones se requieren.

AUTOS ASIGNADOS

Como trabajé varios años para una empresa que fabricaba automóviles y ocupé puestos en sus diversos niveles organizacionales, tuve oportunidad de gozar de este beneficio, además de administrarlo. Empezaré por darles la historia de cómo se inició en nuestro País.

Ya casi cumplimos 100 años de ensamblar automóviles en México y con conocimiento de causa puedo afirmar que la calidad de la mayoría de los autos armados en nuestro País es de igual o mejor calidad que en la de los de sus países de origen. Sin embargo, la prestación del "Auto Asignado" es mucho más nueva.

Al principio, cuando las primeras armadoras aparecieron en nuestro país, se les asignaba, a todos los expatriados en puestos directivos, automóviles para su uso personal porque además de que el expatriado simplemente no aceptaba venir a México si no le asignaban un auto, la empresa podía vender el auto usado al mismo precio (y a veces más caro) que el auto nuevo –el auto nuevo se le entregaba al concesionario a tal precio que éste tuviera una utilidad en la venta. Pero el auto usado se podía vender directamente a quien la empresa decidiera. Claro, esto no duró toda la vida; muchas veces, cuando el expatriado se iba, era sustituido por un mexicano sin la prestación del "Auto Asignado".

Todos reconocían que el "Auto Asignado" era un "perquisite" de expatriado y que el ejecutivo mexicano no era elegible para ésta prestación. Hasta que llegó el día en que algún sustituto mexicano simplemente no aceptó el cambio de responsabilidad hasta que se le otorgara el mismo privilegio. Como ya desde entonces los impuestos representaban una deducción importante en los ingresos del ejecutivo, el auto no solo representaba un ahorro importante (ya que en México costaba más del doble que en EE UU), también representaba un ingreso libre de impuestos ya que no estaba integrado al sueldo del ejecutivo. Adicionalmente, siendo el costo del financiamiento tan alto en México, este beneficio realmente fue (y sigue siendo) muy valorado por los ejecutivos mexicanos y con los años se ha convertido en un aliciente para los empleados de todos los niveles para alcanzar un puesto en el que el auto es ya un beneficio.

No pasaron muchos años para que esta prestación se popularizara y las empresas no automotrices empezaran a otorgarlo. La Secretaría de Hacienda trató de hacer que el valor del auto se integrara al sueldo y se pagaran impuestos, pero para entonces, otras Secretarías del Gobierno (incluyendo a la propia SHCP) ya habían estado haciendo lo mismo, así que se fue por el camino de limitar el valor de la exención, e inventar el término "carro utilitario" y hacer lo que ya todos conocemos.

Por cierto que la industria automotriz sigue ofreciendo una prestación muy popular a mandos medios. Se trata del "Auto de Renta". Básicamente consiste en estimar cuál es el costo real de mantenimiento, seguros y depreciación de ciertos modelos de automóviles producidos por ellos mismos, aumentarles una pequeña cantidad y rentárselos a ejecutivos de menor nivel para su uso personal. Al ejecutivo le cuesta mucho menos que comprar el auto, pagar el mantenimiento y el seguro (la empresa obtiene los ahorros por volumen) y como ya pagó el impuesto al recibir su sueldo, recibe un servicio muy barato y ese ahorro se convierte en un ingreso libre de impuestos. Me pregunto ¿por qué algunas empresas no automotrices no hacen lo mismo?

CAPACITACIÓN Y DESARROLLO DE PERSONAL

Si hay necesidad de contar con una unidad organizacional encargada de ésta responsabilidad, quien quiera que la encabece debe tener talento para definir las necesidades de capacitación. Desafortunadamente, algunas empresas que gastan un dineral en esa actividad tiran más dinero a la calle de lo que aprovechan. El obstáculo surge cuando se trata de resolver problemas de desarrollo de personal con la capacitación y para evitarlos, hay que revisar cuidadosamente las necesidades de capacitación de la empresa. Sugiero que la persona que desee hacerlo vaya colocando las necesidades identificadas en los siguientes compartimientos cuando los empleados no pueden desarrollar la función para la que vas a capacitarles porque:

- No tienen las herramientas necesarias para hacerlo. Incluye en este renglón material, equipo, maquinaria, y similares asi como algunos atributos físicos que pueden ser fuerza o fortaleza para asumir posiciones incómodas, buena vista, habilidad para oír ciertos tonos y otros aspectos similares.
- Sí existen las herramientas y atributos, o no se requieren, pero las personas asignadas a desarrollar la función desconocen los aspectos básicos y fundamentales que deben aplicarse en el desarrollo de las funciones por desempeñar.
- Sí existen las herramientas y atributos, o no se requieren y el desarrollo de las funciones realmente no requiere de conocimientos especiales. En otras palabras, la función no se desarrolla de manera eficiente porque a la persona encargada de la función simplemente no le da la gana desarrollarla de manera eficiente.

Obviamente, como habrás seleccionado cuerdamente, sólo la segunda de las razones expuestas puede mejorarse con la capacitación. Las otras **no**. Desde luego que existen necesidades de capacitación resultantes dado al cambio en tecnología, implementación de nuevos sistemas, etc., pero, desafortunadamente con demasiada frecuencia, se gastan verdaderas fortunas en capacitar a personal que no necesita (o que rechaza) la capacitación debido a que simplemente no le da la gana seguir las instrucciones que le permitirían utilizar la técnica moderna.

También ocurre que las necesidades más frecuentes de capacitación se requieren en el personal sindicalizado. Una relación positiva con el sindicato puede ayudar a lograr más eficiencia en capacitación efectiva que cualesquiera de otras múltiples acciones.

La clave en el área de Capacitación y Desarrollo se encuentra en la palabra "DESARROLLO". Enfoques que ayuden a motivar al personal, basados en el reconocimiento de las acciones positivas y la extinción de actitudes y acciones negativas, pueden resultar más efectivas que muchos otros intentos para "motivar" al personal. Por cierto, a mi se me dificulta mucho pensar en que comidas y fiestas en las que participan personas de niveles bajos en la organización mezclados con sus ejecutivos sean "programas de motivación". Y ya que estamos en esta frecuencia, me permito expresar que los aumentos de sueldo para "motivar a la gente" pueden ser útiles para muchas cosas, pero jamás motivan.

Mi amiga Isabel Burkart, una psicóloga industrial muy competente utilizaba un enfoque que ella llamaba "de Simulación" tanto para seleccionar como para evaluar y desarrollar a personas específicas en un puesto concreto. Empezaba por identificar las dimensiones relevantes (Análisis de Situaciones y/o Problemas, Capacidad de Síntesis, Flexibilidad, Manejo de Stress y Toma de Decisiones) en un determinado puesto. Luego, en grupos pequeños de dos o más individuos, les presentaba un caso o simulación para discutirlo entre las personas a evaluar y en presencia de dos o tres "Evaluadores" quienes los observaban y tomaban notas de aspectos que consideraban importantes sobre la actuación de cada persona evaluada.

Al terminar el ejercicio, los evaluadores podían tener entrevistas personales con cada evaluado (candidatos o empleados), les cuestionaban su actuación y les daban retroalimentación. El ejercicio podía servir tanto para seleccionar a una persona para ocupar una vacante como para promover a uno o más individuos, para definir necesidades de capacitación, o para asignar proyectos o trabajos específicos.

Conozco a varias personas que han tenido éxito en ayudar al personal a crecer y desarrollarse profesionalmente. Crear oportunidades de crecimiento para aquellos que desean crecer es en lo que todos los expertos exitosos, que han demostrado talento en esa área, coinciden en que es lo mejor que puede hacerse para "motivar".

El jefe que sabe *couchear* a sus subordinados es el que casi siempre logra mejores resultados. Para los que no conozcan esta técnica, les sugiero tres maneras de investigar de qué se trata:

1. **Cómprate un libro.** En el Apéndice incorporamos una lista de libros que mi amigo Alberto Velázquez Garnica (HBG Consultores) recopiló. Para cada título se incorporó un breve comentario que ayudará a decidir si te interesa leerlo.

2. **Contrata a un consultor.** Entrevista unos tres y escoge con quien hayas hecho más "clic". No hay que irse con la finta de escoger el más barato (o al más caro): los honorarios no reflejan la calidad del servicio que vayas a recibir.

3. **Tómate el tiempo de hacer tu propia investigación.** Investiga cuál equipo de futbol Americano o beisból infantil es el mejor, y pásate una tarde observando el entrenamiento de chamacos de 8 a 12 años. Fíjate como actúa el entrenador o *coach* de cada grupo (tal vez te sorprenda lo duros que son con los niños). Piensa en lo que hacen y transpórtalo a una sesión de trabajo con tus subordinados.

Lo más probable es que llegues a la conclusión de que tú no puedes actuar igual que quienes manejan los equipos de deportes infantiles. Pero seguramente en tu organización, hay uno o más que te pueden orientar. Si sabes que tienes talento para lograr tus objetivos de trabajo pero ese talento no está orientado a entrenar a otros, tal vez te sirva hacer lo que a mí me ha traído mucha satisfacción.

MENTORING

El *mentoring* es una de las técnicas de desarrollo de personal más efectivas y muchas empresas que la utilizan tienen logros realmente espectaculares. Básicamente, consiste en dar entrenamiento individualizado a personas de alto potencial. Este entrenamiento pudiera llamarse "informal" desde el punto de vista que no requiere de lectura ni clases formales y funciona mejor cuando el entrenador trabaja con naturalidad y permite que el entrenado vaya aprendiendo a su paso. No funciona si el entrenador es inseguro y teme que le puedan "robar" sus conocimientos y/o sus ideas.

No busques, entre tus subordinados clave teniendo cuidado de eliminar a los "barberos", al más inteligente, ni al más entusiasta, ni al de mejor escolaridad (para identificar a tus subordinados clave, bájate unos niveles en el organigrama). Si seleccionaste a más de uno, hazles saber que estás en la mejor disposición de permitirles que te acompañen (de uno por uno) a ver clientes, participar en juntas, coordinar actividades; en fin, lo que se supone que haces mejor.

A partir de allí, déjalos que te acompañen, responde a sus preguntas (después de cada sesión), y cuestiónalos sobre qué hubieran hecho ellos en tu lugar. Después de un tiempo, deja de invitarlos. Aquellos que se te peguen –aún sin invitación- y que empiecen a hacer las cosas de mejor manera (no necesariamente como tú las haces) son los que vale la pena *"mentorear"*. Ten cuidado. Con el tiempo recibirás críticas de "favoritismo". Pero, cuando notes que empiezan a tomar mejores decisiones que tú, y que las cosas les salgan mejor que a tí, entonces sabrás que eres buen mentor y, muy probablemente, recibas más halagos y reconocimientos de los que te mereces.

No recuerdo quien me planteó que si le das un peso a un amigo él/ella tendrá un peso más, aunque tu tendrás un peso menos pero si le das una idea, tendrá una idea más y tu conservas la tuya.

Mi buen amigo Lino Álvarez solía decir que hay maderas que no agarran el barniz. Estoy de acuerdo con él. Sin embargo, creo que aún las maderas que no agarran el barniz pueden ser muy útiles mientras no las expongamos a funciones que requieran de barniz para que destaquen. Creo que el verdadero talento de un responsable de Capacitación y Desarrollo está en poder reconocer cuáles son las maderas únicas y asegurar que se utilicen para lo que sí son aptas: para lo que sí tienen madera

DESARROLLO ORGANIZACIONAL

El término "Desarrollo Organizacional" se ha utilizado de diferentes maneras, incluyendo justificar la implementación de programas que van desde llevarse a un grupo de ejecutivos a lugares tan disímiles como Valle de Bravo, Popo Park, o Zamalayuca, Chihuahua, hasta ponerlos a jugar que son pájaros, o a montar a caballo, o a decirse aquello que nunca se hubieran atrevido a hacer en una reunión familiar.

Para mi, "Desarrollo Organizacional" se acerca más a "Desarrollo de la Organización". Siento que este programa es más la responsabilidad del CEO que del Director de RH. Además, el Director de RH que adopta la responsabilidad de coordinar y facilitar esta actividad está empezando a cubrir su objetivo de pertenecer al grupo directivo de su empresa; es decir, se está convirtiendo en un "consultor interno". Para que el Director de RH se convierta en un facilitador de programas que le ayude al CEO a realizar la parte de su trabajo más relacionada con el manejo congruente, responsable y productivo del personal a su cargo, deberá coordinar las siguientes actividades:

- Desarrollo y mantenimiento de Tablas de Reemplazos de Personal.
- Análisis de la organización de la empresa.
- Coordinación y desarrollo del equipo de trabajo del CEO.
- Definir la posición de RH en el organigrama

TABLAS DE REEMPLAZOS

Una Tabla de Reemplazos se inicia listando el personal clave de la organización. El nombre del CEO encabeza la lista; a continuación deberán aparecer los nombres de las personas que podrían sustituir al CEO, en orden cronológico, de menor a mayor, en función del tiempo que tardaría cada uno en estar completamente preparado para sustituirlo (o sea, primero quien requiera menos tiempo, finalizándola con quien tardaría más).

A continuación, deberán aparecer los motivos por los que el nombre está incluido en la lista; es decir, las características o condiciones que permiten que dicha persona sea considerada como sustituto lógico.

Luego, los puntos negativos que alejan al candidato a ser considerado para el puesto, en orden de importancia, con algún comentario que explique la naturaleza de cada objeción y algún plan de acción orientado a subsanar o disminuir el efecto negativo de cada objeción.

Finalmente, nombres de otras personas (incluyendo a personas que no trabajen en la empresa) que podrían ser consideradas como posibles sustitutos a ocupar el puesto, con comentarios similares (aunque más escuetos) a los positivos y negativos anotados arriba.

Después del CEO deberán aparecer todos sus subordinados directos, el orden a seguir puede ser por antigüedad en la empresa, por edad, por sueldo asignado (el que resulte más lógico) pero siempre debe imperar el mismo criterio de más a menos; sin embargo, se recomienda que si alguno de los subordinados directos fue incluido como reemplazo de su jefe, ese reemplazo deberá aparecer antes de cualquier otro en la lista, independientemente del orden seleccionado. Si más de un subordinado directo aparece como reemplazo (idealmente, debieran aparecer tres nombres de posibles sustitutos para cada puesto incluido en la Tabla de Reemplazos) estos deberán aparecer por orden de mejor posibilidad.

El responsable de desarrollar la tabla de reemplazos es el CEO. El Director de RH puede preparar un especie de instructivo, y acompañar al CEO durante todo el proceso (o cuando menos, acompañarle al seleccionar los posibles reemplazos para su puesto).

El CEO podría invitar a algunos (o a todos) sus subordinados directos a participar en la selección de reemplazos para los puestos que le reportan directamente.

ANÁLISIS DE LA ORGANIZACIÓN

Esta actividad es simplemente ayudar a evitar que se cometan errores organizacionales que pueden ser básicos tales como duplicar funciones. Lo anterior ocurre tanto en organizaciones con mucho personal como en empresas pequeñas, generalmente, porque dos áreas con diferentes objetivos y estrategias acaban haciendo lo mismo, con enfoques similares, pero diferentes.

Otra forma, implica desarrollar un pequeño manual en el que se establezcan condiciones y requisitos para utilizar títulos genéricos en diferentes puestos, por ejemplo, definir cuándo se usan títulos como Jefe de grupo, Jefe de sección, Jefe de unidad o Jefe a secas; Supervisor o Mayordomo, Gerente o Director o Vicepresidente; especificar la diferencia entre Analista, Coordinador, Asistente, Secretaria, y similares.

Entrando a aspectos menos sencillos, el CEO (Director General, Propietario, Socio o Presidente) de la empresa (y muchas veces la matriz de la Compañía) establece qué enfoque organizacional va a utilizar: Lineal, de Línea-Staff, Centralizado, de estilo Militar, o como las organizaciones de Gobierno y/o Paraestatales (el enfoque conocido como de "chile, tomate o cebolla"). El responsable de RH puede elaborar organigramas para ayudar a sus superiores, pares/colegas y subordinados a mantener congruencia y consistencia en la organización de su área, asegurar que se escriban las descripciones de puestos, y coordinar otras actividades organizacionales.

Finalmente, si el responsable de RH logra que todos en la organización entiendan que la responsabilidad se comparte y la autoridad se delega y no vice-versa, puede presumir que realmente ha logrado mejorar la estrategia organizacional de su Compañía.

EQUIPOS DE TRABAJO

Con frecuencia escucho que el mexicano no sabe trabajar en equipo. Estoy completamente de acuerdo. Y ha sido mi experiencia que tampoco saben trabajar en equipo los españoles, los ingleses, los franceses, los alemanes, los japoneses, y los estadounidenses.

Patrick Lencioni, un consultor norteamericano publicó: The **FIVE** DISFUNCTIONS of a **TEAM**** (así, con letras minúsculas, mayúsculas, y de diferente tamaños) donde menciona que el trabajo en equipo no funciona debido a los siguientes factores:

- Los miembros del equipo no se tienen confianza y tienen miedo de volverse vulnerables ante los demás.
- Tratan de evitar conflicto dentro del grupo.
- No quieren aceptar compromisos ante el equipo.
- No se hacen responsables ante el resto del equipo ni siquiera de lograr lo que les corresponde dentro de sus funciones y responsabilidades en la organización.
- Le dan más importancia a la satisfacción de su propio ego que a los resultados del grupo.

No pretendo presentar argumentos en contra de lo establecido por el Sr. Lencioni aunque coincide que su último argumento es la base de los otros cuatro. También me atrevo a aseverar que ningún CEO que conozco está dispuesto a considerar que el trabajo en equipo debe ser más importante que su rol de "cabeza" (o "líder"). Ahora bien, lo que sí creo es que el Director de RH debe tener la suficiente "mano izquierda" para asesorar a su jefe a convertirse en un "verdadero trabajador en equipo" aún cuando no le quite la etiqueta de "GRAN JEFE QUE TODO LO PUEDE" o, cuando menos, convencerlo de que lea el libro.

EL ÁREA DE RH EN EL ORGANIGRAMA

Creo que hay más situaciones en las que el supervisor (es decir, la persona que supervisa a trabajadores en las diferentes áreas organizacionales de una empresa) siente que RH es un elemento en la organización que no sólo no lo ayuda, sino que le agrede. Es obvio que si éste es el caso en tu empresa, ése es el principal problema al cual sí que le debes dar solución, y eso es muy, **muy urgente**.

Recursos Humanos debe ser visto por el supervisor como su aliado, como su consultor, como su asesor, no como su enemigo, su policía, su estorbo. Y no siento que este sea un asunto que las otras áreas dentro de la organización deban remediar. El problema es de RH.

** Ver bibliografía en el apéndice.

No hablo al tanteo. A mi me tocó encabezar el área de RH en dos empresas muy diferentes en enfoques, historia y circunstancias. En una, fue necesario que RH se ganara el respeto y la credibilidad necesaria por parte del resto de la organización. En la otra, RH era reconocido como de gran importancia y se le daba más poder que a la mayoría de las otras áreas organizacionales.

Fue en esa otra, en la que el Director de RH era considerado como líder de gran poder en la organización, en la que fue necesario establecer un cambio en el organigrama para que RH no fuera una actividad centralizada (es decir, la que tenía el mando en todo lo relativo a relaciones con el personal) sino una actividad "staff" en la que las unidades que daban servicio a otras áreas (por ejemplo: manufactura) se reportarían al área a la que servían, y las que afectaban a toda la organización se convirtieron en "consultores internos" de la empresa sin autoridad lineal más que para los integrantes de RH en sí.

La idea de cambiar la organización salió del área de RH (para beneplácito de las actividades de línea) y desde luego que seguramente aún hay quienes piensan que cometí un grave error al propiciar este cambio; pero estoy convencido que a partir de ese momento los "roles" de las diferentes áreas organizacionales llegaron a su nivel adecuado y que si esta acción no hubiera salido de RH, a la fecha no habría habido cambio alguno; RH seguiría su vendetta contra ventas, manufactura y finanzas.

RELACIONES CON LOS SINDICATOS

No cabe duda que en México aún existe mucha corrupción en el área de las Relaciones Laborales pero si comparamos la situación actual con la que imperaba en los años 60's, podemos encontrar diferencias tan grandes como las de la noche a la mañana.

A continuación transcribo, resumidamente, algunas notas que tomé en cursos de Relaciones Laborales a los que asistí durante la década de los sesentas. Aclaro que mientras algunos puntos pudieron aplicarse a empresas en las que trabajé o a clientes de consultoría, todas son resultado de cursos y/o conferencias a las que asistí. **Repito, estoy recordando la década de los sesentas**.

"Algunas de las empresas que presumen de tener las mejores Relaciones Laborales han hecho tratos con Centrales Obreras para que el contrato colectivo se considere "información confidencial"; es decir, sí existe un contrato colectivo y la empresa lo respeta tanto en su letra como en su espíritu pero el trabajador ni siquiera está enterado de que pertenece a un sindicato: la empresa paga las cuotas sindicales directamente a la Central Obrera, implicando que el trabajador no tiene que desfilar el 1º de mayo, ni en otras fechas, y que no hay elecciones de Secretario General, ni "líderes corruptos" aprovechándose de sus compañeros.

• En los casos descritos arriba, no hay huelgas ni "paros locos" y la mayoría de los trabajadores se sienten muy cómodos con esa situación pero hay grupos de "alborotadores" (generalmente conocidos como "los independientes", o "los rojos") que infiltran las filas de trabajadores para organizar sus sindicatos y destruir la paz laboral (y muchas veces, la fuente de trabajo).

- Las empresas deben desarrollar programas de "inteligencia laboral" que ayuden a identificar (y muchas veces "desenmascarar" a los alborotadores).
- Hay empresas de consultoría que dan cursos a los trabajadores para crear conciencia de la importancia de la paz laboral y/o identificar a personas que pueden llegar a ser líderes de sus compañeros (a esos, hay que "ganárselos")
- Un empresa bien conocida por sus técnicas modernas para combatir el sindicalismo envía a sus agentes, disfrazados de trabajadores a las reuniones sindicales y con frecuencia descubre planes muy elaborados para infiltrar a sindicalistas (con frecuencia extranjeros) en empresas serias, conocidas como las más "generosas y justas" en sus tratos con el personal.
- De ninguna manera se recomienda pagar "mordidas" ni entrar en "componendas" con líderes sindicales corruptos. Generalmente se pueden negociar condiciones favorables, tanto para la empresa como para los trabajadores, siempre y cuando se logre tratar con los dirigentes más altos de las organizaciones Sindicales.
- Tampoco se recomienda firmar "Contratos de Protección" (contratos colectivos ficticios que se dan a conocer cuando una organización sindical emplaza a la empresa) con gente de antecedentes dudosos ya que se dan muchos casos en que la propia organización emplaza a la empresa a negociar con ellos."

Tengo otras notas similares, pero creo que este botón nos da una buena idea de lo que ocurría en esos tiempos. No dudo que aún haya casos aislados similares a los arriba mencionados pero de ser ése el caso, ya no puedo asegurar que representa la norma.

Aunque ni siquiera puedo asegurar que los cambios que se han dado desde los sesentas a este siglo XXI sean atribuibles a un cambio de políticas empresariales, en mi opinión, la mayoría son resultantes de la menor ignorancia de nuestros trabajadores y resultante también de los cambios culturales por los que ha pasado el País. No dejo de reconocer que hoy día más y más empresas ven a su personal como aliados y a sus sindicatos como genuinos representantes de los trabajadores. A fin de cuentas, los famosos "Sindicatos Rojos o Independientes" que durante muchos años fueron "el coco" de los abogados laborales y de los Directores de RH, ayudaron a cambiar el clima de las Relaciones Laborales en México.

Ni siquiera supongo que los representantes de las empresas hayan sido los responsables de crear un clima de relaciones laborales más razonable y lógico. Mi razonamiento es que el nivel educacional del trabajador típico y la influencia de la comunicación moderna nos ha llevado a una situación que nos acerca más a que nuestro país esté entrando (finalmente) a la revolución industrial después de varios siglos de retraso.

Creo que cuando se está teniendo problemas en la relación con el sindicato es conveniente empezar a pensar en una analogía: piensa en que tienes problemas con el cliente más importante de tu empresa. Seguramente harás todo lo que sea razonablemente posible por resolver la situación. Habrá veces en que tendrás que ceder aún en contra de tus principios. Estas serán muy raras y muy ocasionales y, tal vez, necesites pedir autorización para hacerlo. También habrá ocasiones en que no puedas ceder, aún cuando tengas que aceptar consecuencias realmente graves para la empresa.

Y a propósito de nada, quisiera hacer notar que ya no es raro encontrar a mujeres como las responsables de las Relaciones Laborales, incluso en fábricas e industrias cuyos niveles ejecutivos siguen dominados por el género masculino.

No voy a dar consejos de cómo tratar con el sindicato porque depende de las circunstancias específicas de tu empresa. Sin embargo, sí quisiera recalcar que no es lo mismo el sindicato (la organización que agrupa a los trabajadores de tu empresa) que los trabajadores (los individuos que trabajan en tu empresa, sean o no sindicalizados).

RELACIONES CON EL PERSONAL

El verdadero sentido de las Relaciones Laborales se enfoca mucho más hacia el trato que la empresa da a sus trabajadores (tanto al personal de confianza como al sindicalizado) que a su relación con el Sindicato. Aún en aquellas compañías en las que el contrato colectivo obliga a la empresa a tratar prácticamente todos los conflictos con los representantes sindicales, el trato diario empresa-trabajador se da entre el supervisor (jefe, o como le llamen en tu empresa) y sus subordinados. Por mucha importancia que se le de a la función de Recursos Humanos en la empresa, el principal **representante** de la empresa ante los trabajadores es el **supervisor**.

Si el supervisor trata a sus subordinados con respeto, los motiva a ser efectivos y eficientes, los respalda y los apoya, las relaciones laborales en la empresa tienden a ser positivas y los problemas tienden a solucionarse con facilidad. Es ahí donde RH debe establecer su principal objetivo de mejora. Y no es fácil porque el supervisor generalmente no reporta a RH. A él (o ella) se le exige cantidad, calidad y puntualidad en la producción del producto o en proporcionar el servicio. Su labor no es "apapachar" a sus subordinados y con frecuencia, el supervisor necesita ayuda, no crítica. Desafortunadamente, si RH ve al supervisor como su enemigo no lo va a apoyar, no lo va a orientar, no lo va a ayudar: lo va a criticar. Grave desacierto.

…Más que cualquier representante de RH, el supervisor es el empleado clave en el logro de unas buenas relaciones laborales.

RH debe ser visto por el resto de la organización como el vocero del Director General, como el experto en el manejo de las relaciones humanas en la empresa, y como el consultor-asesor en todas las demás áreas de la organización.

En la introducción de este libro, en la parte de mi currículo, hago el comentario que en1976 me tocó vivir una huelga en Ford. Como antecedente, quisiera comentar que el líder interno del sindicato, quien llevaba más de 20 años como representante sindical falleció a fines de 1975. Lógicamente, ello ocasionó que varias personas buscaran ocupar su lugar y como consecuencia, la revisión de contrato que se debía renovar el 1 de agosto de 1976 se complicó al grado que no pudimos llegar a un acuerdo a tiempo.

También quisiera hacer notar que la relación personal entre los representantes de la empresa y los del sindicato estaba basada en el respeto y en muchos casos, en la amistad.

Tan pronto resultó obvio que llegaríamos a la huelga, nos reunimos (primero entre nosotros y después con personal clave del resto de la organización) para ponernos de acuerdo en cual debería ser nuestra posición ante este problema. Concluimos lo siguiente:

- La huelga es un derecho del sindicato y la empresa tiene la obligación de respetar ese derecho.
- La huelga tiene un inicio y un final. Una vez terminada, seguiríamos trabajando los mismos representantes de la empresa con los mismos trabajadores. No había motivo ni convenía enemistarnos con nadie ya que todos éramos compañeros de trabajo.
- Nos comprometimos a no agredir a nadie y a convencer al resto del personal no-sindicalizado (no usamos el término "empleados de confianza") a que tampoco agrediera a ningún trabajador y que no haríamos comentarios que pudieran ser interpretados como ofensivos a los trabajadores en huelga, ni a nuestros familiares y amigos, ni a la prensa.
- Aquellos de nosotros que llevábamos amistad con trabajadores sindicalizados haríamos un esfuerzo por hacerles saber que una cosa era "la huelga" y otra muy diferente nuestra relación de amistad y confianza.
- Que nadie compartiría información relacionada sobre el ánimo de los trabajadores y/o los planes del sindicato con otros representantes de la empresa. No iniciaríamos ni llevaríamos chismes de un lado al otro.

No puedo asegurar que todo fue miel sobre hojuelas. Seguramente hubo insultos, chismes y agresiones pero puedo asegurar que se mantuvieron a un mínimo. A partir de la segunda semana y definitivamente durante la tercera, tanto yo como muchos de mis compañeros, visitamos más de una vez algunas de las carpas donde estaban los trabajadores en huelga cuidando las diferentes entradas a la empresa. Y aseguro que los trabajadores huelguistas que fueron asignados a cuidar máquinas, hornos, refrigeradores, y otro equipo que requería de cuidado continuo, no solo cumplieron al 100% su labor, sino que regaron plantas, y cuidaron a los caballos y perros que tenían los guardias y vigilantes en las plantas de Cuautitlán.

Al firmarse el nuevo contrato colectivo; es decir, al terminarse la huelga tres semanas después de iniciada, uno de los acuerdos fue que la empresa pagaría el 50% de los salarios caídos a más tardar una semana después de iniciadas las labores; sin embargo, el primer día de trabajo Finanzas estableció varias ventanillas de pago en cada planta y les dio anticipos de sueldo a todos los trabajadores que lo pidieron. RH tuvo juntas con todos los supervisores de trabajadores sindicalizados y recalcó que el conflicto había sido resuelto y se pedía que no hubiera comentarios insultantes ni situaciones en que se reclamara a los trabajadores haber iniciado la huelga.

Casi diez años después, hubo otra huelga en Ford de México pero entonces se tomaron acciones distintas y los resultados también fueron diferentes.

MANAGEMENT DE EJECUTIVOS

En las empresas, es relativamente común otorgar sueldos, prestaciones y beneficios diferentes a personas con responsabilidades directivas que a los demás empleados. Y también es común dar trato diferente (preferencial) a los ocupantes de estos puestos directivos.

Esto no es privativo de nuestro país. Es una práctica común en todo el mundo. Uno de los motivos principales (si no el único) es que la combinación de autoridad y responsabilidad inherentes a los puestos ejecutivos limita considerablemente al número de candidatos lógicos existentes en el mercado de personal y resulta necesario ofrecer "perquisites" y privilegios especiales a quienes elegimos para esos puestos, con la finalidad de que "hagan carrera" en nuestra empresa y no cambien de empleo por "quítame de ahí estas pajas".

A continuación presento un listado de esas prácticas relativamente comunes en nuestro medio:

- Ingresos en efectivo adicionales al sueldo
  - o Bonos
  - o Planes accionarios (programas que permiten comprar acciones de la empresa a precios especiales, o regalos de acciones con un gran número de variantes)
  - o Financiamientos especiales (esto es muy común en la banca)

- Prestaciones y beneficios
  - o Autos asignados
  - o Renta de automóvil
  - o Seguros de gastos médicos mayores
  - o Pago de seguros de autos personales en la flotilla de la empresa
  - o Asignación de acciones y pago de cuotas de club deportivo

- o Tiempo de vacaciones mayor al del resto de personal
- o Utilización de casas o departamentos vacacionales propiedad de la empresa
- o Pago de honorarios de consultores financieros y/o abogados

- Trato especial
    - o Lugar de estacionamiento dentro de la propiedad de la empresa
    - o Espacios más grandes de oficina
    - o Comedor de ejecutivos
    - o Utilización de bienes de la empresa para beneficio del ejecutivo y/o su familia (esta práctica está prohibida en muchas empresas multinacionales)

En lo personal, siento que hacer este tipo de distinciones puede ocasionar sentimientos negativos y/o resentimientos en el personal que no participa de estos privilegios pero reconozco que es tan común que no me atrevo a recomendar que se eliminen. Sin embargo, sí recomiendo que se revisen cuidadosa y analíticamente estos tratos diferenciales y se eviten aquellos que pueden ser discriminatorios para el personal no-ejecutivo. Un ejemplo de práctica discriminatoria es la costumbre que tienen algunas empresas de revisar concienzudamente cuando sale del trabajo el personal obrero para asegurar que no haya robos de herramienta, producto u otras propiedades de la empresa pero permitir la salida de ejecutivos sin ni siquiera pedirles que abran la cajuela del automóvil.

Por cierto, en una de las empresas en que trabajé se auscultaba al personal sindicalizado, cacheando sus ropas y abriendo bolsas, mochilas y bultos; al personal de confianza solo se les revisaban los paquetes, y al personal ejecutivo se les daba libre paso.

En lo personal, a mi me parecía una práctica bastante tonta ¿cuánto podía valer una herramienta o una pieza que el trabajador cargara en su bolsillo? Si lo comparamos con lo que puede costar una indiscreción de información confidencial o una estrategia de negocios que un ejecutivo debe resguardar, les aseguro que se debe tener mucho más cuidado con el ejecutivo que con el obrero.

En respuesta a una queja del sindicato cambiamos la práctica y empezamos a revisar aleatoriamente a cualquiera que saliera de la empresa. Afortunadamente, el CEO de la empresa participó en esta decisión y publicamos por escrito el cambio de práctica. Al tercer día de iniciar el nuevo método de control de salidas. le tocó a uno de los directores más quisquillosos que abriera la cajuela, se bajara del auto y vaciara los bolsillos.

Al día siguiente, el insultado caballero pidió mi cabeza por haber ordenado este trato tan denigrante a su persona. El CEO tardó más de un mes en platicarme, entre risas, el incidente.

TERMINANDO LA RELACIÓN LABORAL

Termina la relación laboral cuando una persona deja de prestar sus servicios a la empresa aunque no necesariamente termina la relación entre la persona y la empresa. La mayoría de las personas desarrollan lazos afectivos con algunos de sus compañeros de trabajo. En los casos en que trabaja durante un largo período en la misma empresa, es común encontrar que la mayoría de sus amistades continúan trabajando allí, o también son ex-empleados.

Conviene desarrollar una entrevista de salida con el empleado que deja de prestar sus servicios, siempre que sea razonablemente factible. Hay buenas razones para hacerlo. A continuación, presento algunas de las principales causas por las que termina la relación de trabajo y señalo los posibles beneficios al efectuarse la entrevista de salida.

RENUNCIA

Con frecuencia la persona que deja su trabajo no presenta los motivos reales por lo que decide dejar la empresa en su carta de renuncia. Es común que ni siquiera entregue una carta especificando los motivos por los que se va. Cuando lo hace, casi siempre dice simplemente que ha decidido renunciar por "motivos personales"

Como dejar de trabajar en la empresa implica pagar un finiquito (incluyendo cualquier pago que le debe la empresa, como sueldos devengados pero no pagados, partes proporcionales de aguinaldo, tiempo y prima de vacaciones, y cualquier otra prestación a la que tuviera derecho), la entrega de ese dinero y recabar la firma de recibido por lo pagado ofrece un buen momento natural para realizar una entrevista de salida.

Nos interesa saber por qué se va la persona que renuncia. Cuando varias personas hacen comentarios que nos indican que el mismo motivo se repite, tal vez encontremos la manera de subsanar la situación que la está causando.

Muchas veces todo lo que necesitamos hacer es platicar abiertamente con el ex trabajador para que éste se "abra de capa" y nos comente lo que tal vez afecta negativamente a otras personas y podríamos tomar y aplicar medidas correctivas.

DESPIDO JUSTIFICADO

Hay pocos motivos por los que una empresa puede despedir justificada-mente a un trabajador. Cuando esto ocurre, es realmente difícil crear las condiciones de confianza mutua que nos permitan realizar una entrevista positiva; sin embargo, en la vida real la entrevista de salida nos ayudó a descubrir a un grupo de personas que estaba sistemáticamente robando herramientas y producto en una empresa en la que estábamos realizando un programa de consultoría.

En otra ocasión descubrimos que la persona a la que estábamos despidiendo había cometido la falta que justificaba el despido en venganza porque una persona con poder de mando había estado abusando de ese empleado y de otros en situación similar. En esa ocasión, de todas maneras el primer empleado fue despedido, y acto seguido, también se despidió al causante.

DESPIDO INJUSTIFICADO

Hay razones válidas por las que un empleado amerita ser despedido aún cuando legalmente el despido es injustificado. De todas maneras, esta circunstancia es la que hace más compleja realizar una entrevista de salida. Y creo que bajo esta situación, la entrevista de salida tiene mayor razón de ser.

En México, la LFT establece que el trabajador que es despedido injustificadamente de la empresa debe recibir una indemnización en efectivo al momento del despido. A la fecha en la que escribo este libro, la indemnización legal es el equivalente a un pago de tres meses de "salario integrado" (el sueldo base, más el valor de todas las prestaciones a las que tenga derecho el trabajador) más otra cantidad equivalente a 20 días por año trabajado, también con "salario integrado".

Por cierto, hay diferentes interpretaciones sobre el valor de las prestaciones e incluso si ciertas prestaciones (tales como el servicio de comedor, el uso de un lugar de estacionamiento y/o el servicio médico deben integrarse al salario para estos fines). Si existe una demanda ante la Junta de Conciliación y Arbitraje, es la Junta la que determina la cantidad exacta que debe pagarse en caso de un despido injustificado. Por ello, la mayoría de las empresas buscan negociar un acuerdo con la persona despedida antes de que se reciba una demanda. Como decía Don Genaro: "más vale un mal arreglo que un buen pleito".

A propósito de la Junta de Conciliación y Arbitraje, es conveniente recordar que no es ni tiene el objetivo de ser, un juzgado en el cual se busca que "se haga justicia" cuando existe una disputa entre empresa y trabajador. La Junta tiene como objetivo "defender al trabajador en contra de la empresa". De hecho, es el motivo por el cual la carga de la prueba recae sobre la empresa ya que se aduce que al ser la que tiene mayor poder económico, justifica que "defienda" al trabajador.

PLANES DE RETIRO

Independientemente de los planes de jubilación, tanto los establecidos por el IMSS, ISSSTE y/o "planes privados" (normalmente diseñados para complementar los programas establecidos por la LFT), algunas empresas ofrecen "Planes de Retiro". Generalmente implican hacer un pago en una sola exhibición al personal que renuncia a la empresa después de haber cumplido ciertas condiciones de edad y/o años de servicio, que pueden o no coincidir con las condiciones establecidas en los planes de jubilación que pagan pensiones vitalicias al trabajador que se jubile.

Aún cuando la mayoría de estos planes tienden a expresarse como pagos similares a la indemnización por despido injustificado, ese pago no es una indemnización porque invariablemente exigen que se le haga al personal que renuncia a su relación laboral.

JUBILACIÓN

Al inscribir al trabajador al IMSS, en estricto apego a la ley mexicana, la empresa cumple con la obligación de proporcionar un plan de jubilación al trabajador que cumple con los requisitos de antigüedad y edad que marcan las leyes.

Sin embargo, muchas empresas perciben que la jubilación del IMSS dista mucho de ser adecuada, sobre todo para aquellos que tienen ingresos superiores a 10 veces el salario mínimo porque las contribuciones del trabajador y las de la empresa tienen ese tope. En consecuencia, un gran número de Compañías han integrado planes suplementarios que permiten mejorar la pensión del IMSS, tanto a los que ganan menos como a quienes exceden el ingreso de 10 veces el salario mínimo.

Las empresas multinacionales fueron las primeras en diseñar e implantar estos planes suplementarios aunque hoy día muchas empresas 100% mexicanas también los ofrecen.

MUERTE

La manera más dramática de terminar la relación de trabajo es esta. Nuevamente, se cumple con la ley con el sólo hecho de inscribir al trabajador en el IMSS. Sin embargo, los seguros de vida son la prestación voluntaria más popular que existe en el mercado de trabajo.

El comentario al inicio del párrafo anterior no es un intento de llamar la atención del lector utilizando el humor negro. Cuando un empleado fallece, todos los compañeros de trabajo que lo conocieron (y algunos que no lo conocieron) quedan afectados anímicamente. El efecto es mucho más intenso si la muerte es resultado de un accidente. Las empresas están conscientes de esto y de alguna forma tratan de mitigar los sentimientos negativos comprando seguros de vida de grupo para todo su personal e incrementando el beneficio en caso de muerte accidental. Y comparado con cualquier otra prestación, el costo de estos seguros es muy bajo.

RESUMIENDO

La Dirección de Recursos Humanos en cualquier empresa tiene un objetivo que es su razón ser:

Asegurar que la empresa pueda atraer, motivar, desarrollar y retener personas con talento para impulsar su productividad.

El *"Management* de los Recursos Humanos" puede resumirse (y simplificarse): aplicar el sentido común a la administración del personal de una empresa, independientemente de la posición del empleado en el organigrama de la compañía.

APÉNDICE

GENERACIÓN EINSTEIN

Recopilación: Alberto Velázquez Garnica, HBG Consultores

La expresión *Generación Einstein* proviene de la obra: *Generación de Einstein* de Jeroen Boschma. La primera edición se publicó en Holanda en 2006 y fue escrito junto con Inez Groen. El libro ganó, en 2006, el Premio de Literatura PIM Marketing. La agencia de comunicación Keesie presenta un estudio basado en 10 años de trabajo y conversaciones con jóvenes nacidos a partir de 1988.

Las principales conclusiones del estudio se encuentran en el libro **Generación Einstein -Más listos, más rápidos y más sociables, Gestión 2000.**

Generación Einstein es la primera generación de jóvenes desde la Segunda Guerra Mundial que se identifica por características positivas: sociabilidad, cooperación, inteligencia e implicación, entre otras. Algunos acontecimientos históricos importantes marcan profundamente a aquellos que viven los años que terminarán de forjar su identidad: los adolescentes. Fue así como la **Generación Silenciosa** quedó moldeada por la Segunda Guerra Mundial, la **Generación Baby Boom** por los acontecimientos sociales de los años 60, y la **Generación X** por la crisis económica de los 80.[2]

Baby Boom (1945-1955)	Generación X (1960-1985)	Generación Einstein (1988-Actualidad)
Protesta	Negatividad	Optimismo

81

Reconstrucción de posguerra	Depresión económica	Crecimiento, estructuración y prosperidad
Muchísimos ideales	Vacío ideológico	Ideales tradicionales
Ninguna marca	Surgimiento de marca	Marcas omnipresentes
Ardientes	Relativistas	Serios
Otro futuro	Ningún futuro	Buen futuro
Búsqueda de la personalidad	La personalidad es un concepto	La personalidad es algo real
La identidad es ser independiente de los padres y de la autoridad	La identidad equivale a pertenecer a un grupo	La identidad es ser sincero con uno mismo

La **Generación Einstein** crece en un mundo formado por una sociedad de la información comercializada las veinticuatro horas del día, los siete días de la semana.

Amigos y familia

La familia es hoy en día un lugar muy importante para los jóvenes. La familia es pequeña, acogedora e íntima, y ofrece un espacio de protección, seguridad y confianza en un mundo cada vez más grande. A los jóvenes les gusta estar juntos en grupos, les encantan las relaciones en armonía y necesitan, por tanto, un hogar en el que las relaciones sean sinceras e importantísimas, y en el que la amistad y la familia juegan un papel esencial.

Baby Boom	Generación X	Generación Einstein
Salir de la familia	Familia sin raíces	Deseo de familia
Grandes familias de padre y madre	Familias más pequeñas	Diversas formas de familia (monoparentales, reconstruidas)
Apenas separaciones	Primeras separaciones	Separaciones, más norma que excepción
Tener hijos hecho incuestionable	No existe deseo de tener hijos	Tener hijos fruto del amor

Educación estrictamente autoritaria	Las riendas más sueltas	Consulta y sintonía

Escuela y aprendizaje

Los colegios tienen que vérselas cada vez más con problemas de motivación, con alumnos que abandonan demasiado pronto los estudios, con problemas de orden cada vez más graves y con estudiantes que ya no se motivan con los profesores.

Jeroen Boschma e Inez Groen en su libro se refieren a la teoría de Alex van Emst, descrita en su libro "Compra un coche en el deshuesadero: cambio de paradigma en la educación", como una solución de tomar todos los tipos de alumnos de todos los niveles[3]. Todas estas diferencias individuales requieren un enfoque propio. Con la **Generación Einstein** es necesaria una nueva forma de enseñanza: la nueva educación van Emst. Según la teoría de van Emst, el profesor debe encontrar aquí un nuevo papel, el papel de preparador en el que los contenidos de la materia no constituyan el punto central.

Lógica-positivista (la vieja escuela)	Social-constructivista (la nueva escuela)
Conocimientos objetivos	Conocimientos subjetivos
Transferencia de conocimientos	Construcción de conocimientos
Enseñar	Aprender
Sensata	Significativa
De las partes al todo (fragmentación)	Del todo a las partes
Se apela a dos inteligencias	Se apela a más inteligencias (máximo nueve)
Orientada a leer y atender	Orientada a la experiencia y la explicación
El rendimiento se compara con la media	El rendimiento se compara con el rendimiento anterior
Se busca lo que uno no domina	Se busca lo que uno domina
Trabajar juntos significa copiar	Se aprende más en compañía que solo

Enseñanza orientada al conocimiento y la destreza (parcial)	Enseñanza orientada a la competencia
El conocimiento se almacena independientemente del contexto	No existe un conocimiento sin contexto
El profesor (experto) determina el contenido de la clase y es sobre todo instructor	El profesor estimula el proceso de aprendizaje y es un experto, instructor, entrenador, formador, piloto y consejero
Aprender para más tarde	Aprender para ahora

La Generación Einstein está influida por múltiples tendencias sociales: se presiona para que rinda y en el colegio se experimenta con toda clase de nuevas técnicas educativas. La **Generación Einstein** hoy en día, aprende de otra manera. La cantidad de información es demasiado elevada para poder recibirla toda y eso lo saben. Utilizan sus contactos para encontrar a las personas que les enseñarán lo que necesiten: amigos, conocidos, allí donde resida el conocimiento. Aprenden con imágenes y saben hacer zapping con sentido. Esta es la razón por la que Jeroen Boschma e Inéz Groen le nombraron con el nombre del físico teórico, Albert Einstein, por su creativa forma de pensar.

Gezellig

La palabra *gezellig* tiene para la Generación Einstein un contenido distinto del que tiene para nuestra generación. Cuando pensamos en *gezellig*, estar agradablemente juntos, pensamos en compartir actividades como jugar juntos o participar en un equipo deportivo o pasarnos una velada charlando entre amigos.

Para los jóvenes, *gezellig* es sencillamente estar en casa mientras cada miembro de la familia se ocupa de sus asuntos: la madre cocinando, el padre leyendo el periódico, el hermano pequeño jugando con el Nintendo y el joven de la Generación Einstein con el Messenger en su laptop. Vemos a parejas o amigos en un Starbucks cada quien con su laptop y atendiendo sus asuntos en su teléfono móvil.

Eso es gezellig. Es estar todos en el mismo espacio. Estar juntos sin estarlo. Es respetar en lo que se ocupa cada uno. Estar agradablemente juntos pero respetando los deseos individuales y las diferencias de cada uno. Así lo ilustró una madre: "Ahora entiendo por qué mi hijo quiere hacer sus tareas en la sala cuando estoy yo".

Valores centrales de la Generación Einstein

- **Autenticidad.** Significa ser uno mismo, estar a favor de algo y expresar opinión con claridad. La misma autenticidad es la que esperan de los demás y de las marcas. Descubren enseguida a las empresas que parecen modernas pero que no lo son perdiéndoles el respeto aunque ofrezcan buenos productos.
- **Respeto.** No es el respeto automático a la gente mayor o a una posición social, sino el respeto fruto de las propias capacidades y de la autenticidad.
- **Desarrollo personal.** Lo más importante en la vida es ser feliz; disfrutar y desarrollarse uno mismo juega un papel fundamental.[4]
- **Honor.** Para los jóvenes (sobre todo de origen árabe) el valor más importante es el honor. El honor se alcanza con actividades y productos que incrementen el estatus: una buena carrera profesional, una buena educación con buenas notas, ropa de marca que demuestre que se gana mucho dinero o un buen coche; todas ésas cosas significan "honor".

Fuentes: -Generación Einstein -Más listos, más rápido más sociables, J. Boschma. -Wikipedia

Referencias

1. Boschma, Jeroen & Groen, Inez (2006). *Generation Einstein: smart, social and superfast. Communicating with Young People in the 21st Century*, Pearson Education Benelux, Schiedam. ISBN 978-90-430-1094-8.
2. Generación Einstein: primero la felicidad, después el trabajo - CincoDias.com
3. Van Emst, Alex C. (2002). *Koop een auto op de sloop : paradigmashift in het onderwijs*, APS, Utrecht, 60 p.
4. Generación Einstein, los jóvenes actuales tienen valores positivos y prefieren la imagen a las palabras

* http://www.prensa.com/actualidad/psicologia/2007/10/15/index.htm
* http://www.ua.es/dossierprensa/2007/11/21/12.html
* http://www.infobrand.es/nota.php?idx=469
* http://www.prensa.com/actualidad/psicologia/2007/10/15/index.htm

BIBLIOGRAFÍA

LIBROS RELACIONADOS CON *COACHING*

Prácticas de Coaching
Viviane Launer y Sylviane Cannio
Lid Editorial Empresarial
Colección: Acción Empresarial
Páginas: 253

Las autoras revelan las técnicas y herramientas que facilitan la liberación del potencial y su reflejo en el desempeño laboral y en equilibrio personal. El libro contiene una selección de 12 casos que se han elegido por las preguntas comunes de los clientes de las empresas.

Coaching. El método para mejorar el rendimiento de las personas
John Whitmore
Editorial: Prados
Colección: Empresa
Páginas: 192

Este libro es una guía útil, clara, concisa y comprensible para cualquier persona interesada en el *coaching*, escrita además en un estilo tanto profesional como didáctico. Se trata de un manual que ayudará al lector a aprender las habilidades del arte del buen entrenamiento así como a comprender su enorme valor para liberar el potencial de las personas y elevar al máximo su rendimiento.

Guía completa de coaching en el trabajo
Perry Zeus, Suzanne Skiffington
Editorial: McGraw-Hill
Colección: Management
Páginas: 256

Esta guía completa de *coaching* en el trabajo es un libro ideal para quienes desean dar el primer paso en el área dinámica del coaching. Esta obra de referencia única y completa explica los principios básicos y los conceptos claves que subyacen debajo de este método eficaz y cada vez más reconocido de la introducción del cambio y el desarrollo en las organizaciones. El coaching sigue una lógica sistemática bien definida que da resultados significativos.

Coaching directivo
Benédicte Gautier, Marie-Odile Vervisch
Editorial: Oberón
Páginas: 198

En este libro se tratan cuestiones como: ¿en qué consiste exactamente éste nuevo papel? ¿cómo ejercerlo sin perder credibilidad? ¿qué instrumentos y métodos se pueden utilizar para entrenar a las personas de una organización? ¿existen enfoques específicos para el coaching de equipos?

Coaching. La última palabra en desarrollo de liderazgo
Marshall Goldsmith, Laurence Lyons
Editorial: Prentice Hall
Páginas: 392

El uso del coaching de ejecutivos está aumentando en forma impresionante. Líderes de todo el mundo utilizan coaches y también se convierten en coaches. Sin embargo, la comprensión de qué es el coaching de ejecutivos y cómo puede aumentar la efectividad de los líderes no ha crecido al ritmo de la aplicación de este proceso. *Coaching. La última palabra en desarrollo de liderazgo* reúne a los mejores coaches de ejecutivos para brindar al lector la comprensión del funcionamiento sobre coaching, por qué funciona y de qué manera los líderes pueden aprovechar en forma óptima su proceso.

Coaching para el éxito
Talane Miedaner
Editorial: Urano
Colección: Psicología aplicada
Páginas: 333

Todos los atletas olímpicos cuentan con un entrenador deportivo. Los directores generales de las empresas ya utilizan los servicios profesionales de un preparador ejecutivo, lo que en inglés se conoce con el término coach. ¿Te imaginas lo mucho que mejoraría tu rendimiento y tu grado de éxitos si contases con una persona que te entrenara personalmente para la vida? Talane Miedaner, una de las coach personales de mayor prestigio mundial, te ofrece las últimas técnicas para lograr el éxito y hacer que suceda todo aquello que siempre soñaste.

Coaching
Pascal Debordes
Editorial: Gestión 2000
Páginas: 150

Los profesionales de la venta de hoy en día son como los deportistas de élite por las altas dosis de presión e incertidumbre con las que trabajan. Por ello, es imprescindible entrenarlos de forma continuada. Este libro expone los métodos prácticos que pueden aumentar la eficacia de la red de ventas a través de: diseño de programas de formación en técnicas de ventas, comunicación, motivación, evaluación continua; técnicas que fomentan el espíritu de equipo. Es un libro escrito especialmente para gerentes, directivos del área comercial y profesionales de la venta.

Coaching. Mitos y realidades
Javier Cantera
Editorial: Pearson - Prentice Hall
Colección: Biblioteca Aedipe
Páginas: 238

"En los últimos años, el desarrollo de la práctica del coaching en España ha experimentado un fuerte crecimiento debido a la confluencia de múltiples factores. El coaching -entendido como un proceso de acompañamiento individual destinado a impulsar el desarrollo profesional y personal de los directivos- se ha revelado como una sólida tendencia dentro de los actuales sistemas de gestión por competencias de los Recursos Humanos."

Coaching: paso a paso
Mike Leibling, Robin Prior
Editorial: Gestión 2000
Páginas: 192

"¡Al fin, el proceso de coaching es asequible para todo el mundo! No hay más excusas: si usa tan sólo una parte de las técnicas de coaching de este libro ¡el mundo será un lugar mucho mejor!" ¿Alguna vez ha deseado lograr que los cambios se produzcan con más facilidad? ¿quiere aprovechar el poder del proceso de coaching? En caso afirmativo, tiene la ayuda en sus manos ya que el proceso sencillo de tres pasos explicado en este libro puede contribuir a que todo el mundo se convierta en un coach eficaz.

Coaching práctico en el trabajo
Perry Zeus, Suzanne
Editorial: McGraw-Hill
Páginas: 384

Este libro es el primer recurso práctico y completo para aspirantes, principiantes y expertos en el uso de las teorías, herramientas, técnicas y prácticas que afectan al aprendizaje y al cambio. Muestra las herramientas y las técnicas basadas en la psicología. También es una guía muy necesaria para entender la práctica del coaching y aplicar las teorías y el lenguaje asociado a él.

Coaching y liderazgo
Joan Payeras
Editorial: Díaz de Santos
Páginas: 150

¿Es concebible el coaching sin el liderazgo? Pensamos que no. El coach tiene como objetivo influenciar conductas eficaces y eficientes para conseguir resultados. El líder también. ¿Dónde está pues la diferencia? Si creemos que es difícil separar los estilos de liderazgo del coaching, habrá que formalizar esta unión introduciendo un nuevo estilo de liderar: "el estilo coach". En este sentido todo líder tiene como parte de su rol ser el coach de sus colaboradores.

Tácticas de coaching para mujeres
Conchita Rodríguez Franco
Editorial: Síntesis
Colección: Ciencias sociales
Páginas: 224

'El coaching es una nueva disciplina de desarrollo personal y profesional que tiene la finalidad de introducir cambios concretos y deseados en determinadas áreas de la vida del cliente, mediante el desarrollo del autoconocimiento, de una forma relativamente rápida.' Este libro invita a reflexionar sobre una serie de desafíos o retos para un gran número de mujeres a las que se les plantean dificultades a la hora de llevar una vida plena, equilibrada y llena de posibilidades de elección.

El coaching: cura, libera y subvierte
Editorial: Granica
Colección: Management
Páginas: 212

El coaching no es una moda pasajera. Por el contrario, más bien resulta ser la mejor de las herramientas posibles para que los directivos comprendan, integren y respondan tres preguntas que resumen a juicio del autor las meta-competencias que les permiten desarrollar otras: ¿quién soy? ¿quiénes somos? ¿hacia dónde vamos? En este libro, el autor se va perfilando como uno de los creadores españoles del *management* novelado.

Coaching para vivir
Michael Neenan, Windy Dryden
Editorial: Paidos
Colección: Plural
Páginas: 288

Nuestra manera de pensar influye profundamente en nuestra manera de sentir. Por ello aprender a pensar de una manera diferente puede hacer que sintamos y actuemos de una manera distinta. Partiendo de los métodos de la psicoterapia cognitiva-conductual, este libro nos enseña a afrontar los pensamientos derrotistas y contraproducentes y a sustituirlos por una actitud orientada a la resolución de los problemas.

Coaching: Valoración de la eficacia del entrenador
Jon Waner
Editorial: Centro de estudios Ramón Areces
Páginas: 78

Los profesionales que encuentran en el trabajo lo que esperan, responden con creces a lo que la empresa espera de ellos: alta productividad y calidad, y actitud de servicio. Motivar a otros a dar lo mejor de sí mismo es la función esencial del mando. Por eso, decidimos hoy que el mando debe ser, ante todo, un magnifico entrenador o *coach*. Su tarea es mantener en forma a cada miembro de su equipo de trabajo. John Warner nos presenta el perfil del entrenador eficaz, una herramienta práctica para que cada mando se auto diagnostique respecto a las siete competencias críticas del buen entrenador coach, y diseñe un plan de acción eficaz. El manual del monitor ofrece unas pautas concisas, contrastadas por la práctica para rentabilizar al máximo la experiencia en cualquier seminario o jornada sobre coaching.

Coaching Directivo: desarrollando el liderazgo
Varios autores
Editorial: Ariel
Colección: Empresa management
Páginas: 272

Coaching Directivo: desarrollando el liderazgo es un libro necesario en el mundo del *Management*. Tras insistir en la importancia de que el directivo llegue a ser un líder era preciso explicar los medios concretos. El *Coaching* es uno de los mejores instrumentos para potenciar el liderazgo en las organizaciones del siglo XXI.

OTROS LIBROS

Preparing Instructional Objectives
Robert F Mager, Peter Pipe
WWW.Amazon.com

Libro en inglés. Herramienta crítica para ayudar a desarrollar objetivos de capacitación efectivos. Escrito en 1997 cuando Mager era el Director de la Escuela de Psicología Industrial de la Universidad de Stanford. Ayuda a distinguir necesidades reales de capacitación y da buenos consejos sobre cómo lograr que el empleado mejore su productividad.

Managing with Unions
Scott Mayers
WWW.Amazon.com

Libro en inglés. Escrito en 1998 cuando las relaciones laborales en Estados Unidos se asemejaban a las actuales en nuestro país. Aboga por establecer una relación de respeto mutuo con el sindicato y a diferenciar las relaciones de los trabajadores de las relaciones con el Sindicato.

The Five Dysfunctions of a Team
Patrick Lencioni
Editorial: Jossey-Bass, WWW.joseybass.com
230 páginas
230 páginas

Libro en inglés. Lectura sencilla y con enfoque "novelesco" explicando por qué resulta difícil dirigir a un grupo que debe trabajar en equipo. Ofrece buenos consejos con ejemplos de cómo se puede lograr que personas de diferentes actividades cambien su estilo para cooperar con el grupo. Hace notar que hay individuos que no logran trabajar en equipo y que hay que separarlos del grupo.

GLOSARIO DE TÉRMINOS

Apapachar. – Acariciar, consentir; en otros países se utiliza el término "papachar".

Balanced Scorecard. (BSC) – Término en inglés que literalmente puede traducirse como "Boleta de Calificaciones Balanceada", lo cual no tiene sentido en español. Se refiere a una técnica de gestión que describe acciones, funciones y proyectos. Establece objetivos claros a lograr en tiempos específicos, planteando cifras y resultados a obtener para después definir logros y comparar lo deseado con lo que se logró.

Barberos. – En estricto sentido, son los peluqueros, pero aquí se utiliza para describir a los que se desviven en lisonjas, haciendo "la barba" a sus jefes.

Beneficios. - Pagos en especie o en servicios que se hacen a grupos de empleados, por ejemplo: Seguros de Vida, Seguros de Gastos Médicos, Comedor, Auto Asignado.

Broad Banding. - Enfoque utilizado en administración de sueldos que implica establecer rangos de pago para diferentes grupos de puestos. Se diferencía del Tabulador flexible en que cada rango contiene puestos de características similares y complejidad muy variable: los rangos de sueldos son mucho más amplios. Por ejemplo: un rango pudiera contener todos los puestos que requieren conocimientos de ingeniería, y la diferencia entre mínimo y el máximo (determinada por diferencias encontradas en el mercado) pudiera ser de 400%.

Cachear, cacheando. – Revisión física y corporal. Se utiliza generalmente para asegurar que la persona no traiga armas ocultas.

CEO. - Siglas en Inglés del Chief Executive Officer, utilizado con frecuencia cuando uno se refiere al Director General, al puesto más alto en una empresa. Usualmente reporta al Consejo de Administración.

CETES. – Inversión en bonos del gobierno que pagan los intereses más altos con muy bajo riesgo financiero.

Chamba. - Empleo, puesto, trabajo.

Changarro, changarrito. – Empresa pequeña, donde siempre sólo hay lo indispensable, y con frecuencia ni eso.

Checklist.- Lista de características que deben estar incluidas en una actividad, un grupo de objetos, un proyecto o cualquier otra cosa. Lista de verificación. Acordeón.

Coach, Coaching, Couchear.- Aconsejar, entrenar a una persona o a un grupo de personas para que busquen excelencia en las tareas, proyectos, o su carrera profesional. En los deportes de equipo es muy común tener un *coach*.

Coco, el coco. – En México, era la costumbre amenazar a los niños que se portan mal, diciéndoles que vendría "el coco" y se los comería.

Competencias.- Características que tienen o desarrollan las personas para mejorar los resultados en su trabajo. No confundir con la competencia que tienen empresas o personas competidoras y/o competitivas. Este vocablo se refiere a lo que se necesita para ser competente.

Contratos de protección.- Algunas empresas firman contratos colectivos con centrales obreras sin el conocimiento de su personal y con el único fin de protegerse en contra de intentos de sindicalización que puedan ejercer otras centrales obreras. Esta práctica fue muy común en la segunda mitad del siglo XX, pero ha ido perdiendo popularidad porque además de ser ilegal, la mayor parte del tiempo no protege nada. Como el personal no sabe que pertenece a un sindicato, muchas veces, al enterarse, decide unirse a otro.

Dependiente. – Vendedor/a en una tienda.

Equidad interna.- Se entiende por Equidad interna que los sueldos pagados al personal reflejan las diferencias de complejidad y demás factores que le dan mayor o menor valor a cada puesto, así como al desempeño individual de cada empleado.

Fuente de candidatos.- Personas, empresas, despachos y/o lugares donde uno busca candidatos para llenar vacantes en la empresa. Con frecuencia también se les llama "Fuente de reclutamiento".

Gezellig.- Vocablo holandés sin traducción adecuada en español. Evoca personas juntas en un entorno cómodo y armonioso. Este vocablo se utiliza frecuentemente en textos holandeses de psicología.

Headhunter.-Término en Inglés que literalmente significa "cazador de cabezas". En México (y en casi todo el mundo) se llama *headhunters* a los buscadores profesionales de candidatos que ocuparán puestos de nivel ejecutivo para sus clientes. Las empresas de reclutamiento profesional de ejecutivos usualmente cobran el 35% del ingreso anual del ejecutivo contratado.

Hoshin Kanri.- Nombre que se le da a una versión japonesa (adelantada y mejorada) del Balanced Score Card (BSC)

Honorarios por contingencia.- La mayoría de los despachos de búsqueda de Ejecutivos (*headhunters*) empiezan a cobrar sus honorarios al iniciar la búsqueda; a veces es posible negociar que sólo se haga el pago cuando se contrate al ejecutivo y a esto se le llama "honorarios por contingencia". Esta modalidad es posible cuando se asignan varias búsquedas al mismo tiempo y se hace sólo con una o dos de las asignaciones.

IMSS.- Instituto Mexicano de Seguridad Social.

INFONAVIT.- Instituto Nacional de Fomento a la Vivienda de los Trabajadores (en México)

ISSTE.- Instituto de Seguridad Social de los Trabajadores del Estado (en México)

Junta de Conciliación y Arbitraje; la Junta. – Las autoridades laborales en México.

LFT.- Ley Federal del Trabajo (En México)

Licenciatura. – En México, el título más bajo que se otorga al terminar satisfactoriamente una carrera universitaria.

Limón, limones.- Mexicanismo derivado del inglés *lemon* implicando que el producto o servicio es decepcionante.

Mapas de evaluación.- Planes de trabajo para evaluar el desempeño del personal (o de un grupo de empleados), en el que se especifican fechas, tipo de evaluación a desarrollar para determinados puestos, tipo de calificaciones que se utilizarán, evaluadores, y otros puntos de interés.

Mentoring, Mentorear.-Se supone que es lo que hace un mentor para orientar y desarrollar a: un subordinado, un nuevo empleado, o un caso especial.

Lingüísticamente esta palabra es una aberración ya que la palabra mentor existe en español pero en México se utiliza.

Management. – Palabra en inglés para Gestión. Se utiliza tanto en la industria privada mexicana que no falta quien piense que es castellano puro. Si eres mexicano, "gestión" se traduce a *Management.*

Medicina genérica. – Medicina que ya no tiene patente por lo que los laboratorios médicos que no son propietarios de la patente pueden producirla y venderla (a veces hasta en un 80% menos de lo que cuesta la medicina de patente).

Puente (laboral).- Cuando un día feriado está a tan solo un día de distancia de otro día feriado, si dejas de trabajar los tres días, se dice que "hiciste puente".

*Organización centralizada.-*Se utiliza este término para indicar que una unidad organizacional tiene toda la autoridad y la responsabilidad para un área, una unidad, o una sección organizacional.

*Organización de línea.-*Cuando una sección organizacional tiene autoridad y responsabilidad para las funciones directamente relacionadas con su actividad principal pero no tiene autoridad sobre funciones que no se relacionan directamente con el trabajo, se le llama "organización de línea"; por ejemplo, el área de producción es generalmente de línea, pero las funciones de calidad son responsabilidad y autoridad de otra sección organizacional.

Organización staff.- Generalmente este tipo de organización se asigna a funciones tales como Control de Calidad, Recursos Humanos, Ingeniería del Producto, etc. La sección organizacional tiene responsabilidad y autoridad (a veces limitada) sobre su función, incluso en áreas organizacionales diferentes a la sección.

Mordida. – Soborno.

*Pares.-*Se les llama "pares" a todos los empleados que ocupan puestos del mismo nivel organizacional aún cuando se dediquen a actividades totalmente diferentes. Los "pares" no se supervisan ni se subordinan a otros "pares"; por ejemplo: todos los supervisores son "pares" entre sí.

Paros locos. – Huelgas que no cumplen con los elementos que las convierten en "paros legales".

Perquisites.- Beneficios o privilegios que sólo se otorgan a ejecutivos, o sea, a los niveles más altos de la organización. Este término es en inglés, y al pronunciarse (pérkuisits), el acento lo lleva la primera "e"; la segunda, es muda.

Presentismo.-No encontrarás este término en este libro pero no permitas que te apantallen en una de esas conversaciones que no sabes ni como empezaron. El "presentismo" se utiliza en un estudio realizado en Europa, donde se concluye que cuando hay crisis, la gente falta menos a sus labores (por temor a quedarse sin empleo) pero es menos productiva ya que básicamente solo se "hace presente" en su chamba.

Prestaciones,-Pagos que no forman parte del sueldo nominal, y que pueden ser en efectivo (un fondo de ahorros, un aguinaldo, una prima de vacaciones), en servicios (comedor de empleados, transporte al trabajo), en especie (despensas, regalos) o en tiempo (vacaciones, días festivos).

Programa de inducción.- Programas diseñados para familiarizar a un empleado nuevo con la empresa, sus productos, el lugar de trabajo, los compañeros, etc.

Programas 401 K (USA).- Sección 401, inciso K de la ley de impuestos en los Estados Unidos. Permiten el establecimiento de fondos de ahorros con aportaciones del patrón, y del empleado, que no son gravados con impuestos al hacerse las aportaciones. El empleado paga sus impuestos cuando hace uso del fondo (generalmente cuando se retira y no tiene otros ingresos, por lo que el gravamen se hace con tasas más bajas.

RFC.-Registro Federal de Causantes (en México)

RH.-Recursos Humanos. Debiera ser RRHH pero está de moda no hacer demasiado caso a las reglas gramaticales.

SAT. –La rama de la Secretaría de Hacienda y Crédito Público encargada de cobrar impuestos en México-

SHCP. - Secretaría de Hacienda y Crédito Público, en México. También conocida como Dolores, o cariñosamente, como "Lolita".

Tabulador de Sueldos: rígido, flexible.- El Tabulador es una lista de sueldos nominales que estamos dispuestos a pagar a los puestos de acuerdo a su complejidad y/o su "nivel". Un "Tabulador rígido" establece el mismo sueldo para todos los ocupantes de los puestos clasificados en el mismo nivel, y se acostumbran en puestos sindicalizados y/o en puestos muy sencillos donde el desempeño buscado es siempre igual. Un "Tabulador flexible" establece rangos de sueldos para puestos de valor similar y la asignación del sueldo dentro del rango depende de desempeño, antigüedad y (a veces) de otros factores.

Vales-despensa, vales-restaurant. – Documentos que se entregan al personal para comprar productos básicos en supermercados (despensa) o pagar comida en restaurantes.

Valuaciones multidimensionales.-Las evaluaciones por desempeño realizadas por diferentes personas (el jefe, los clientes, los pares, y otros) generalmente son conocidas como "multidimensionales". También se les conoce como programas de 120, 240, o 360 grados (el número de grados depende del número de evaluadores.

RECONOCIMIENTOS, AGRADECIMIENTOS, Y DEDICATORIA

PRIMERO: LOS AGRADECIMIENTOS

A mi amiga *María J. Pariente Fragoso* quien revisó el contenido del libro, corrigió la gramática, el "espelin", y la puntuación; es decir, se aseguró traducir casi todos mis pochismos al castellano, mis más sinceras gracias, tanto en mi propia representación como en nombre de los lectores quienes nunca sabrán cuánto contribuyó para su entendimiento.

Luego, a mi amigo *Alberto Velázquez Garnica (*HBG Consultores) quien contribuyó con buena parte de la información que se incluye en el libro (y también a *Bertha Farfán Pacheco*, su esposa y mi amiga, quien seguramente le ayudó a Alberto pero no hizo ruido para que yo no lo notara).

A mi amigo Jesús Ferrer Gaztambide, a *José Mendoza Aguilar* (mi yerno), y a mis hijos *Carmina y Gabriel Sander Muñiz*, quienes se chuparon varias versiones del libro y contribuyeron con sus comentarios, correcciones y algunas aportaciones que incluí tal como me las proporcionaron.

Y LA DEDICATORIA

También le dedico este trabajo a mi esposa CARMINA MUÑIZ ESCOTO, a mi hijo GUILLERMO BRIAN SANDER MUÑIZ, y a mis ocho nietos, en orden de edad: Montse, Dany, Eric, Rodrigo, Xime, Bianca, JuanPa, y Gabo; a mi nieto putativo Alex, y mis nueras Cristy y Ximena.

Y POR ÚLTIMO: LOS RECONOCIMIENTOS

A todos los que colaboraron conmigo en Ford, Ideal Standard, Intergamma (en cada una de sus facetas,) y a quienes, en diferentes tiempos y momentos, sufrieron y aguantaron mis errores y experimentos por ser víctimas y beneficiarios de mis malas y buenas decisiones durante mi vida laboral.

www.ingramcontent.com/pod-product-compliance
Lightning Source LLC
Chambersburg PA
CBHW022110170526
45157CB00004B/1562